科目別
現場で使える教室英語

新しい英語科目での展開

Classroom English You Can Use

吉田 研作／金子 朝子 監修
石渡 一秀／グレッグ・ハイズマンズ 著

本文中の表現の冒頭マークは、🆃が先生、🆂が生徒の発話を示しています。付属CDでは、🆃はナチュラルに近いスピード、🆂はゆっくりしたスピードで読み上げていますので、生徒に聞かせてリピート練習させるのにもお使いいただけます。

本書の特色と目的

　本書は、平成25年度から始まった新しい英語科目を想定した教室英語と、それを用いたモデルレッスンを通して、どのようにして生徒と先生が英語を使いながら授業を進めることができるかを提案したものです。

　前著『現場で使える教室英語―重要表現から授業への展開まで』の姉妹編にあたる本書では、「生徒が主体となって英語を使いながら、4技能が融合された授業を創り出す」ことを目的としました。そして、それを新しい英語科目の中でどのように展開するかについて、次の二つの点に重点を置いて示しています。

> 1. コミュニカティブな活動を、生徒中心に英語で行えるようにする。
> 2. 生徒が中心になって英語を使うことで、ペアワーク・グループワークをより充実したものにする。

　本書は準備編、本章（1～4章）、巻末資料から成っています。準備編「中学と高校の橋渡しとなる教室英語とモデルレッスン」では、どのようにして英語を使った授業を展開するかという全体像を、できるだけわかりやすい教室英語とそれらを用いたモデルレッスンを通して示しました。

　また本章（1～4章）では、高校で新しく始まる英語科目の中で、多くの学校が取り入れるであろう科目「コミュニケーション英語Ⅰ、Ⅱ、Ⅲ」そして「英語表現Ⅰ、Ⅱ」に関して、それらの科目で用いられる教室英語とモデルレッスンを示しました（「コミュニケーション英語基礎」については、採用する学校が少ないと思われるため割愛いたしました）。

　巻末資料「ディベートの基本的な進め方」では、4技能を統合的に活用し英語力を高める効果があるといわれるディベート活動を、どのように現場に取り入れるかについての具体的な提案を行っています。

　本書が多くの先生方や生徒たちの一助となることを祈っております。

グローバル社会が求める今後の英語教育
── 英語の授業は英語で ──

吉田 研作

● はじめに

　2013年4月から高等学校の新学習要領が施行され、**英語の授業は英語で行うことが基本**となった。なぜ、ここまで言わなければならない状況になったのだろう。まずは、これまでの日本の英語教育について簡単に振り返ってみよう。

　現在の世界を論じる上で避けて通ることができないのは、「グローバル化」ということばだろう。ただ、「グローバル化」ということばの意味するところは何なのか、という点については、あまり良く分かっていないのではないだろうか。

　そこで、まずこの「グローバル化」ということばについて、日本の政府が考えていることを見てみよう。

● グローバル人材育成推進会議の提言

　政府は、グローバル人材育成推進会議の審議のまとめの中で、「グローバル化」とは、総じて「情報通信・交通手段等の飛躍的な技術革新を背景として、政治・経済・社会等あらゆる分野で『ヒト』『モノ』『カネ』『情報』が国境を越えて高速移動し、金融や物流の市場のみならず人口・環境・エネルギー・公衆衛生等の諸課題への対応に至るまで、全地球的規模で捉えることが不可欠となった時代状況を指すものと理解される」と定義している。言ってみれば、**我々の日常生活に起こる問題でさえ、その多くはもはや自国内だけでは解決できなくなっている**ことを示唆していると言えるだろう。

　報告書によると、このような全地球的規模の問題解決に対応できる「グローバル人材」の概念には、次の要素が含まれる。

　　要素Ⅰ：語学力・コミュニケーション能力
　　要素Ⅱ：主体性・積極性、チャレンジ精神、協調性・柔軟性、責任感・使命感
　　要素Ⅲ：異文化に対する理解と日本人としてのアイデンティティー

　これらの要素の中から、特に我々にとって重要な**要素Ⅰ**について少し詳しくみてみよう。グローバル人材の言語能力水準の目安として、以下のようなレベルが例として示されている。この中で①、②、③は、慣用表現等を覚えれば比較的達成しやすいだろうが、問題は④と⑤である。つまり、いわゆる「日常会話」は、それなりに言語表現の練習を重ねればできるようになるが、交渉や議論には、より高度な言語運用力を要するのである。

　　① 海外旅行会話レベル
　　② 日常生活会話レベル

③ 業務上の文書・会話レベル
④ 二者間折衝・交渉レベル
⑤ 多数者間折衝・交渉レベル

　そこで報告書では、若い世代のうち約10%が大体1年間以上の留学ないし在外経験をすることにより、④、⑤レベルのグローバル人材の潜在的候補者となるようにしたいとしている。また、この④、⑤レベルの人材を育成するには、留学や在外経験をしてきた人が日本に戻って大学や企業に入る際、不利にならないようにしなければならない。大学入試や企業採用の従来のやり方を変える必要があると提言しているのである。特に入試について、「**大学入試を意識して中高生が留学や在外経験の機会を躊躇することの無いよう、大学入試は抜本的に変えていかねばならない**」と述べている。今般、大学入学基準や卒業基準にTOEFLを使うという意見は、この点と大いに関係していると言えるだろう。

● 外から見た日本人の英語力

　ところで、日本人の外国語のレベルは、国際的な英語能力テストの結果から垣間見えてくる。例えば、平成17年から始まったTOEFL iBTの結果を見ると、平成23年には平均69点（120点満点）で、アジア30か国の中で下から3番目だった。しかも、**speakingは特に弱いと言われているが、平成23年には16点で最下位、またwritingも、平成23年は18点で同点ビリ**の成績だった。

　Global English（2012）の調査によれば、世界19の地域と国から集められた1万人を超える被験者のデータから、日本人のBusiness English 能力がBasicレベルにランクされ、簡単なビジネス英語が分かるレベルとされている。ちなみに、お隣の韓国は中級レベルで、ネイティブ・レベルではないが複雑なビジネス交渉ができるというレベルである。また、スイスにあるIMD（International Institute for Management and Development）が発表した世界の国の競争力ランキングでは、平成24年、日本は世界59か国中27位だった。しかし問題なのは、**日本が「外国語」という基準で、調査対象59か国中、下から2番目の58位にランクされた点**である。

● 英語に対する自信のなさ

　日本の若者の「内向き志向」について様々なデータがあるが、そのいくつかを見てみよう。日本人の海外留学状況を見ると、平成16年から21年までの5年間で20%以上減っており、高校生も平成4年から20年の間に30%近く減っている。また、文科省が発表した「平成23年度高等学校等における国際交流等の状況について」（2013）によると、多少高校生の海外留学は増えているものの「**将来留学をしたいか**」という問に対する答えは、**57.7%が「いいえ」であり、その理由としては、もっとも多い56%が「ことばの壁」**をあげているのである。また、平成22年の国立教育研究所の調査では、平成15年に「英語を学習すれば好きな仕事につくことに役立つと思う」と答えた中学生が46.7%だったのが、7年後の平成22年には69.6%にまで上昇しているにも関わらず、「**将来、英語**

の勉強を生かした仕事がしたくない」と思っている生徒が、平成15年の53.9%から、平成22年には71.3%にまで増えているのである。これも結局は、**英語に「自信がない」ことが理由**ではないかと考えられる。

　これ以外にも、産業能率大学が発表した新入社員のグローバル意識調査の結果によると、2001年に「海外で仕事がしたくない」人が29.2%だったのが、2010年には49%にまで跳ね上がっている。「なぜ海外に出たくないのか」という問に対する答は、「外国語能力」と「治安」に対する不安が最も多かったが、治安に対する不安の多くは、言葉が分からず情報が入ってこないことから起こると推測すると、結局は、治安に対する不安も**外国語に対する自信のなさが最も大きな問題**だと言えるのである。

● **グローバル化と外国語教育の課題**

　ところで、文部科学省の諮問委員会、外国語能力の向上に関する検討会の報告書「国際共通語として英語力向上のための5つの提言と具体的施策」(2011)の中で、日本の英語教育が目指す目標として、「相手の意図や考えを的確に理解し、自らの考えに理由や根拠を付け加えて、論理的に説明したり、議論の中で反論したり相手を説得したりできる能力」を持った人材の育成があげられている。また、このような人材を育成するためには、「講義形式の授業から、例えば、**スピーチ、プレゼンテーション、ディベート、ディスカッションなどを取り入れることにより、生徒の言語活動を中心とした授業**への改善を図る必要がある」と述べている。つまり、**英語の授業は基本的に英語で行わない限り、このような能力を身につけることはできない**と言っているのである。

● **Bilingual教育かPlurilingual教育か**

　さて、日本人は英語を使う自信がないと言ってきたが、一つ考えなければならないことは、**日本における外国語教育が、日本語と外国語のBilingualを育てることを目的としている訳ではない**という点である。バイリンガル教育は、元々二つの言語をそれぞれネイティブのように運用できる人を育てることを目的としてきた。だから、どちらの言語もネイティブ・スピーカーの基準を目標にしていた。これは、いわゆるアメリカに移住した移民の人にとっては必要なことかもしれないが、日本という国で外国語として英語を学んでいる日本人には適さないのである。移民の場合、例えばアメリカという国に住んでいる以上、日常生活から仕事、学習の全ての面でアメリカ人のように英語が使えなければならない。しかし日本の場合、学校を離れれば、日常生活など他の領域では英語を使う必要はない。つまり、**英語が必要となるある特定の目的のために英語を学び、その目的が達成できるだけの英語力を身につければ良い**のである。日本人が英語に対して苦手意識を持っているのは、ネイティブ・スピーカーの英語を目標にしているため、いつまで経ってもその域に到達できないからだ、と言えるだろう。

　それに対して、ヨーロッパで提唱されている考え方はPlurilingualism（複言語主義）という。一個人の中に複数の言語（ネイティブ・レベルである必要はない）が存在し、基

本的には、それぞれの言語が必要とされる領域で「〜ができる」というレベルまで習得できれば良いのである。つまり、他の領域はいざ知らず、その特定の領域において「自信」を持ってその言語が使えれば良いのである。例えば、仕事で必要だが日常生活では必要なければ、仕事で使えれば良く、その言語で恋を語ったり、人生相談ができたりする必要はないのである。

　ということは、日本の高校生にとって英語を使う上で最も大切なのは、英語が実際に使われる**授業内でしっかり自分の意見が表現でき、コミュニケーションできるだけの英語力を身につける**ことである。一歩教室の外に出れば英語を使う場面はめったにないわけだから、英語の授業で英語をしっかり使うほかはないのである。そして、そこで行われる**様々なディスカッション、ディベート、スピーチ等においては、「自信」を持って英語が使える**ように練習する必要がある。

　これからの英語教員に必要なのは「**英語の授業を英語で行うための枠組み**」を身につけることであり、それは「**教室英語をどれだけ有効に使えるか**」にかかってくる。本書では、新しい英語科目の目的ごとに、教室英語がどのように使われるかを具体的に示している。本書を通じて、それぞれの科目に応じた基本表現に慣れることができるだろう。

　英語で授業を行うことにまだ躊躇がある教員でも、本書の具体例に触れることにより「やってみよう」という前向きな姿勢になれるものと確信している。

【参考文献】

IMD 2012 Results World Competitiveness Yearbook.
　http://www.imd.org/research/publications/wcy/World-Competitiveness-Yearbook-Results/#

文部科学省「平成23年度高等学校等における国際交流等の状況について」
　http://www.mext.go.jp/b_menu/houdou/25/04/1332931.htm

文部科学省「新学習指導要領等（ポイント、本文、解説等）」
　http://www.mext.go.jp/a_menu/shotou/new-cs/youryou/index.htm

文部科学省「平成20年度高等学校等における国際交流等の状況について」
　http://www.mext.go.jp/b_menu/houdou/22/01/__icsFiles/afieldfile/2010/01/29/1289270_1_1.pdf

文部科学省（2011）「国際共通語として英語力向上のための5つの提言と具体的施策」（平成23年7月13日）
　http://www.mext.go.jp/b_menu/shingi/chousa/shotou/082/houkoku/1308375.htm

文部科学省（2004）「英語が使える日本人を育成するための行動計画」
　http://www.mext.go.jp/b_menu/shingi/chukyo/chukyo3/015/siryo/04042301/011/001.htm

内閣府（2012）「グローバル人材育成戦略（グローバル人材育成推進会議審議まとめ）」（2012年6月4日）
　http://www.kantei.go.jp/jp/singi/global/1206011matome.pdf

Open Doors Data（Institute of International Exchange）
International Students: Leading Places of Origin
　http://www.iie.org/Research-and-Publications/Open-Doors/Data/International-Students/Leading-Places-of-Origin/2009-11

Test and Score Data Summary for TOEFL iBT Tests and TOEFL PBT Tests（2011）
　http://www.ets.org/s/toefl/pdf/94227_unlweb.pdf

CONTENTS

本書の特色と目的……………………………………………………………………3
グローバル社会が求める今後の英語教育
　──英語の授業は英語で──………………………………………………4

準備編

中学と高校の橋渡しとなる教室英語とモデルレッスン……13

UNIT 1
生徒中心の授業のための教室英語……………………………………14
先生のためのための教室英語……………………………………………………14
　授業を進めるための教室英語　14
　生徒とやりとりをするための教室英語　16
　生徒をほめたり、励ましたりするための教室英語　18
生徒のための教室英語……………………………………………………………19
　先生の指示や質問がわからない時のための教室英語　19
　自分の考えや気持ちを伝えるための教室英語　20

UNIT 2
生徒中心のモデルレッスン……………………………………………21
1）あいさつ、スモールトーク、小テスト……………………………………21
2）前回の復習、今日の学習のポイント・目標・予定………………………23
3）個人・ペア・グループワークを織り交ぜた、4技能を伸ばすための活動……24
　　①本文を用いた活動　24
　　②練習問題を用いた活動　32
　　③コミュニカティブな活動　35
4）今日のまとめと演習……………………………………………………………39
5）振り返りと次回までの課題……………………………………………………40

COLUMN　生徒から引き出す発話を考える……………………………41

第1章

「コミュニケーション英語Ⅰ」のための教室英語とモデルレッスン……43

「コミュニケーション英語Ⅰ」の目標と内容……44

UNIT 1
生徒中心の授業のための教室英語……46

1）「事物の紹介や対話などを聞いて、情報や考えなどの要点を理解し、意見や感想を述べる」ための教室英語……46

 先生から生徒へ　46
 生徒から先生へ　49
 生徒と生徒　52

2）「説明文や物語文などを読んで、内容について意見や感想を述べる」ための教室英語……55

 先生から生徒へ　55
 生徒から先生へ　57
 生徒と生徒　60

3）「聞いたり読んだりして得た情報や考えなどについて、意見の交換をする」ための教室英語……63

 先生から生徒へ　63
 生徒から先生へ　65
 生徒と生徒　68

4）「聞いたり読んだりして得た情報や考えなどを簡潔にまとめ、意見や感想を書く」ための教室英語……71

 先生から生徒へ　71
 生徒から先生へ　74
 生徒と生徒　77

UNIT 2
生徒中心のモデルレッスン……80

基本的なモデルレッスン……80
標準的なモデルレッスン……86
発展的なモデルレッスン……92

COLUMN　英語による授業での文法指導……97

第2章

「コミュニケーション英語Ⅱ・Ⅲ」のための教室英語とモデルレッスン……99

「コミュニケーション英語Ⅱ・Ⅲ」の目標と内容……100

UNIT 1
生徒中心の授業のための教室英語……**102**

1)「事物の紹介や対話などを聞いて、情報や考えなどの概要や要点をとらえる」ための教室英語……102
- 先生から生徒へ 102
- 生徒から先生へ 104
- 生徒と生徒 106

2)「(説明、評論、物語、随筆などを) 速読や精読など目的に応じた読み方をする」「聞き手に伝わるように音読や暗唱を行う」ための教室英語……108
- 先生から生徒へ 108
- 生徒から先生へ 110
- 生徒と生徒 112

3)「聞いたり読んだりして得た情報や考えなどについて話し合い、結論をまとめる」ための教室英語……114
- 先生から生徒へ 114
- 生徒から先生へ 116
- 生徒と生徒 118

4)「聞いたり読んだりして得た情報や考えなどについて、まとまりのある文章を書く」ための教室英語……119
- 先生から生徒へ 119
- 生徒から先生へ 121
- 生徒と生徒 123

UNIT 2
生徒中心のモデルレッスン……**125**

- 基本的なモデルレッスン……125
- 標準的なモデルレッスン……132
- 発展的なモデルレッスン……137

COLUMN 仲間と一緒ならできることから……141

第3章

「英語表現Ⅰ」のための教室英語とモデルレッスン………**143**

「英語表現Ⅰ」の目標と内容………………………………………………144

UNIT 1
生徒中心の授業のための教室英語………………………………**146**

1)「与えられた話題について即興で話す」「聞き手や目的に応じて簡潔に話す」ための教室英語………………………………………………146
   - 先生から生徒へ 146
   - 生徒から先生へ 148
   - 生徒と生徒 149

2)「読み手や目的に応じて、簡潔に書く」ための教室英語………………151
   - 先生から生徒へ 151
   - 生徒から先生へ 153
   - 生徒と生徒 155

3)「聞いたり読んだりして得た情報や考えなどをまとめ、発表する」ための教室英語………………………………………………………157
   - 先生から生徒へ 157
   - 生徒から先生へ 159
   - 生徒と生徒 161

UNIT 2
生徒中心のモデルレッスン………………………………………**163**

基本的なモデルレッスン………………………………………………163
標準的なモデルレッスン………………………………………………168
発展的なモデルレッスン………………………………………………172

COLUMN チャンクを活用する………………………………………177

CONTENTS

第4章

「英語表現Ⅱ」のための教室英語とモデルレッスン……179

「英語表現Ⅱ」の目標と内容……180

UNIT 1
生徒中心の授業のための教室英語……182

1）「与えられた条件に合わせて即興で話す」「伝えたい内容を整理して論理的に話す」ための教室英語……182
- 先生から生徒へ 182
- 生徒から先生へ 184
- 生徒と生徒 186

2）「主題を決め、さまざまな種類の文章を書く」ための教室英語……187
- 先生から生徒へ 187
- 生徒から先生へ 189
- 生徒と生徒 191

3）「聞いたり読んだりして得た情報や考えなどをまとめ、発表した後、質問や意見を述べる」ための教室英語……193
- 先生から生徒へ 193
- 生徒から先生へ 195
- 生徒と生徒 197

4）「多様な考え方ができる話題について、立場を決めて意見をまとめ、相手を説得するために意見を述べ合う」ための教室英語……199
- 先生から生徒へ 199
- 生徒から先生へ 200
- 生徒と生徒 202

UNIT 2
生徒中心のモデルレッスン……203
- 基本的なモデルレッスン……203
- 標準的なモデルレッスン……209
- 発展的なモデルレッスン……214

巻末資料
ディベートの基本的な進め方……219

準備編

中学と高校の橋渡しとなる教室英語とモデルレッスン

Classroom English and Model Lesson for Linking Junior High Schools and High Schools

UNIT 1
生徒中心の授業のための教室英語
Classroom English for Student-Centered Class

先生のための教室英語
Classroom English for Teachers

授業を進めるための教室英語

▶これからすることや、生徒にしてほしいことを伝えるための教室英語です。これらの指示を英語で伝えることで教室に英語を使う雰囲気が生まれ、実際に英語を使って必要なコミュニケーションを図る契機となります。ここで用いる表現は、Let's 〜 や Please 〜 の表現が中心です。

Let's 〜

今日の授業を始めましょう！	Let's start today's class!
小テストをしましょう。	Let's have a quiz.
前の授業の復習をしましょう。	Let's review what we covered in the previous class.
今日は〜を学びましょう。	Let's learn 〜 today.
ストーリーを聞きましょう。	Let's listen to the story.
ストーリーを読みましょう。	Let's read the story.
単語[熟語／文]をチェックしましょう。	Let's check the words [phrases/sentences].
読みの練習をしましょう。	Let's practice reading.
ストーリーについて話し合いましょう。	Let's discuss the story.
ストーリーについて考えましょう。	Let's think about the story.
ストーリーについて書きましょう。	Let's write about the story.
ペア[グループ]ワークをしましょう。	Let's do a pair [group] activity.
楽しいゲームをしましょう。	Let's play a fun game.

T スピーチをしましょう。	T Let's make a speech.
T ディベートをしましょう。	T Let's have a debate.

Please ～

T もし～ができれば手を挙げてください。	T Please raise your hand if you can ～.
T よく聞いてください。	T Please listen carefully.
T 聞きながら空所を埋めてください。	T Please fill in the blanks while listening.
T 私の後から繰り返してください。	T Please repeat after me.
T ペアで読みの練習をしてください。	T Please practice reading in pairs.
T ～を読んでください。	T Please read ～.
T ～を日本語で書いて［言って］ください。	T Please write [say] ～ in Japanese.
T ～に答えてください。	T Please answer ～.
T 要約を完成させてください。	T Please complete the summary.
T ペア［グループ］になってください。	T Please get into pairs [groups].
T 答えをペア［グループ］でチェックしてください。	T Please check your answers in pairs [groups].
T ペアで質問について考えてください。	T Please think about the questions in pairs.
T グループになって答えを書いてください。	T Please get into groups and write the answers.
T グループで～を発表してください。	T Please present ～ in groups.
T ～についてスピーチをしてください。	T Please make a speech about ～.
T この例を用いて～を書いてください。	T Please use this example to write ～.
T 意見を言ってください。	T Please tell us your opinions.

生徒とやりとりをするための教室英語

▶生徒と英語でやりとりを進めるための教室英語です。最初はやさしい質問から始めて、徐々に生徒の考えや気持ちを尋ねる質問に移行することが大切です。具体的には、Do [Does/Did] で始まる質問から始め、What, Where, When, Which, Who, Why, How を使う質問に展開することが重要となります。

Do [Does/Did] ~ ?

- わかりましたか？
- 何か質問［コメント］はありますか？
- 誰か～を読んで［答えて／発表して／訳して］もらえますか？
- ストーリーは気に入りましたか？
- (～さん) に賛成ですか？

- Did you understand [catch] it?
- Do you have any questions [comments]?
- Does anyone want to read [answer/present/translate] ~ ?
- Did you like the story?
- Do you agree with ~ ?

What ~ ?

- 前の授業では何を勉強しましたか？
- 今日の［前の］授業では何を学びましたか？
- 何についての話ですか？
- この単語［熟語／文］の意味は何ですか？
- ～についてどう思いますか？
- あなたの意見は？
- あなたの好きな～は何ですか？

- What did we study last class?
- What did you learn in today's [the last] class?
- What is the story about?
- What does this word [phrase/sentence] mean?
- What do you think about ~ ?
- What's your opinion?
- What is your favorite ~ ?

Where/When/Which/Who ~ ?

- 前の授業では教科書のどこを勉強しましたか？

- Where did we study in the textbook last class?

🅣 今日は教科書のどこを勉強しますか？	🅣 Where will we study in the textbook today?
🅣 この表現はどのような時に使われますか？	🅣 When is this expression used?
🅣 どこが難しかったですか？	🅣 Which part was difficult for you?
🅣 どの部分に一番興味がありますか？	🅣 Which part are you most interested in?
🅣 このストーリーのどの部分が一番気に入っていますか？	🅣 Which part do you like the most in this story?
🅣 あなたの好きな〜は誰ですか？	🅣 Who is your favorite 〜?
🅣 このストーリーの中では誰が一番好きですか？	🅣 Who do you like the most in this story?

Why 〜 ?

🅣 なぜそう思うのですか？	🅣 Why do you think so?
🅣 なぜそのように感じるのですか？	🅣 Why do you feel that way?
🅣 なぜ〜が好きなのですか？	🅣 Why do you like 〜?
🅣 なぜ〜（さん）に賛成なのですか？	🅣 Why do you agree with 〜?
🅣 なぜ〜（さん）に反対なのですか？	🅣 Why do you disagree with 〜?

How 〜 ?

🅣 〜はどうですか？	🅣 How about 〜?
🅣 授業［部活動／家族］はどうですか？	🅣 How is your class [club activity/family]?
🅣 〜は日本語［英語］でどう言いますか？	🅣 How do you say 〜 in Japanese [English]?
🅣 〜をどう答えたら［訳したら］いいですか？	🅣 How can you answer [translate] 〜?
🅣 〜についてどう感じますか？	🅣 How do you feel about 〜?

生徒をほめたり、励ましたりするための教室英語

▶ 英語を使って授業を進める上で、生徒をほめ、励ますことは大変重要です。生徒はほめられることにより、英語をもっと使ってみようという気持ちになるはずです。

- T いいですね！／とてもいいですね！／すごい！／たいへん結構です！／すばらしい！／完璧です！／とてもすばらしい！
- T Good! / Very good! / Great! / Excellent! / Wonderful! / Perfect! / Fantastic!

- T いい質問［考え／コメント／意見］ですね！
- T Good question [idea/comment/opinion]!

- T とてもおもしろいですね！
- T Very interesting!

- T そのとおりです！
- T That's right [correct]!

- T 惜しいです！／もう少しです！／とても近いです！
- T That's close! / Almost! / Very close!

- T あきらめないで！／決してあきらめないで！
- T Don't give up! / Never give up!

- T できるよ！
- T You can do it!

- T ～を使ってください。
- T Please use ～.

- T ～と言おうとしているのですか？
- T Are you trying to say ～?

- T ～のつもりですか？
- T Do you mean ～?

生徒のための教室英語
Classroom English for Students

先生の指示や質問がわからない時のための教室英語

- ⓢ わかりません。 / ⓢ I don't know [understand].
- ⓢ 助けが必要です。 / ⓢ I need your help.
- ⓢ その単語［文］の意味がわかりません。 / ⓢ I don't know the meaning of the word [sentence].
- ⓢ それを英語［日本語］でどう言ったらいいかわかりません。 / ⓢ I don't know how to say it in English [Japanese].
- ⓢ それをどう発音［訳］したらいいかわかりません。 / ⓢ I don't know how to pronounce [translate] it.
- ⓢ その単語の意味が見つかりません。 / ⓢ I can't find the meaning of the word.
- ⓢ 〜は日本語［英語］でどう言うのですか？ / ⓢ How do you say 〜 in Japanese [English]?
- ⓢ 〜はどう発音するのですか？ / ⓢ How do you pronounce 〜?
- ⓢ もう一度お願いします。 / ⓢ One more time, please.
- ⓢ ちょっと待ってください。 / ⓢ Just a moment, please.
- ⓢ ヒントをください。 / ⓢ Please give me a hint.
- ⓢ 質問してもいいですか？ / ⓢ May I ask a question?
- ⓢ それはどういう意味ですか？ / ⓢ What does it mean?
- ⓢ 〜をもっとゆっくり読んでください。 / ⓢ Please read 〜 more slowly.
- ⓢ 〜の答え方［訳し方］を教えてください。 / ⓢ Please tell me how to answer [translate] 〜.
- ⓢ 〜をもう一度説明してください。 / ⓢ Please explain 〜 one more time.

自分の考えや気持ちを伝えるための教室英語

ⓢ ～が好きです。	ⓢ I like ～ .
ⓢ ～が好きではありません。	ⓢ I don't like ～ .
ⓢ ～と思います。	ⓢ I think [feel/hope] that ～ .
ⓢ ～と思いません。	ⓢ I don't think [feel/hope] that ～ .
ⓢ ～(さん)に [～することに] 賛成です。	ⓢ I agree with [to] ～ .
ⓢ ～(さん)に [～することに] 反対です。	ⓢ I don't agree with [to] ～ .
ⓢ ～だからです。	ⓢ Because ～ .
ⓢ ～に興味があります。	ⓢ I'm interested in ～ .
ⓢ ～に感動しています。	ⓢ I'm impressed with ～ .
ⓢ その質問には答えられません。	ⓢ I can't answer the questions.
ⓢ その文を英語に訳すことはできません。	ⓢ I can't translate the sentence into English.
ⓢ その話を要約することはできません。	ⓢ I can't summarize the story.
ⓢ あなたの答えは正しいと思います。	ⓢ I think your answer is correct.
ⓢ どちらが正しいかわかりません。	ⓢ I'm not sure which is correct.
ⓢ はっきりとは言えませんが、～だと思います。	ⓢ I'm not sure, but I think ～ .

UNIT 2
生徒中心のモデルレッスン
Model Lesson for Student-Centered Class

▶ UNIT 1で扱った教室英語をもとにした、基本的なモデルレッスンを紹介します。このモデルレッスンは、以下の五つの部分から構成されています。

1) あいさつ、スモールトーク、小テスト
2) 前回の復習、今日の学習のポイント・目標・予定
3) 個人・ペア・グループワークを織り交ぜた、4技能を伸ばすための活動
   ①本文を用いた活動
   ②練習問題を用いた活動
   ③コミュニカティブな活動
4) 今日のまとめと演習（プリントによる個人活動と解説）
5) 振り返りと次回までの課題

1) あいさつ、スモールトーク、小テスト（想定時間：約10分）
Greetings, Small Talk, and Quiz (Estimated Time: 10 minutes)

T Good morning [afternoon], everyone.

S Good morning, Mr. Takeuchi.

T Let's start today's class! How is everybody? Chieko, how are you?

S I'm fine, thank you. And you?

T Fine, thank you. Did everyone study English yesterday? How about Daisuke?

S Yes, I did.

T Good! Yuri, are you enjoying the class?

S Yes, it is fun.

T Very good! OK, now let's have a quiz. Is everyone ready? Yusuke, are you ready?

S Yes, I am.

T OK. Let's start!

T みんな、おはよう［こんにちは］。

S タケウチ先生、おはようございます。

T 今日の授業を始めましょう！　みんな元気ですか？　チエコ、元気？

S 元気です、ありがとうございます。先生は？

T 元気だよ、ありがとう。みんな昨日は英語の勉強をしたかな？　ダイスケはどうかな？

S はい、しました。

T いいね。ユリ、授業は楽しい？

S はい、楽しいです。

T とてもいいね。では、小テストをしよう。みんな準備はいいかな？　ユウスケ、いいかい？

S はい。

T よし。始めよう！

2) 前回の復習、今日の学習のポイント・目標・予定 (想定時間：5分)
Review of the previous class, Points, Goals, Plan for today's study (Estimated Time: 5 minutes)

- 🇹 Let's review what we covered last class. Moe, where did we study last class?
- 🇸 We studied page15.
- 🇹 That's right! Takashi, what did you learn?
- 🇸 I learned many words about nature.
- 🇹 Great! Let's read the story today. Today's goal is to learn about nature.

- 🇹 この前の授業の復習をしよう！　モエ、この前はどこを勉強したかな？
- 🇸 15ページを勉強しました。
- 🇹 そのとおり！　タカシ、どんなことを学んだかな？
- 🇸 自然についてのたくさんの単語を学びました。
- 🇹 すばらしい！　今日はそのストーリーを読もう。今日の目標は自然について学ぶことだよ。

3) 個人・ペア・グループワークを織り交ぜた、4技能を伸ばすための活動
Individual, Pair, and Group Activities for Building up Four Skills

①本文を用いた活動 (想定時間:リスニングとリーディングで35分、ライティングとスピーキングで25分)

Listening	**T** First, let's listen to the story. Please fill in the blanks.
	(After listening to the story)
	T Okay, everyone. Please check your answers with a partner.
	(After a few minutes)
	T Let's check your answers. Please answer them in sentences. Can anyone answer No.1? How about Manabu? Please read the sentence.
	S The answer is "Animals are very cute".
	T Great! How about No.2? Mika, can you answer it?
	S The answer is "I like them very much".
	T Excellent!
	S Would you please say it again?
	T Sure.
	(After some interactions)
Reading	**T** Next, let's read the story. What is the story about? Minoru, do you know?
	S It's about animals.
	T Very good! Now please tell me your favorite animal. Chie, what is your favorite animal?
	S I like dogs.
	T Wonderful! Why do you like them?
	S Because they are very friendly.
	T I see.

(Yukio raises his hand.)

T **Yukio, please go ahead.**

S I like monkeys.

T **That's very interesting! Why do you like them?**

S Because they are cute.

T **Great! Let's now read the story together. Please repeat after me.**

(After reading together)

T **Let's now practice reading in pairs.**

(After a few minutes)

T **Can we have a volunteer to read?**

(Some students raise their hands.)

T **Yukari and Tomoya, would you please read for us?**

(Yukari and Tomoya read very well.)

T **Nice job! Any other pairs?**

(After some pairs read the story)

T **Thanks everyone. Does anyone have any questions? How about Yukio?**

S What is "nature" in Japanese?

T **Good question. It means "shizen" in Japanese.**

S Thank you.

T **Any other questions?**

(Yuna raises her hand.)

T **Yuna, please go ahead.**

S How do you say "kankyou" in English?

T **You say "environment".**

	Ⓢ I see. (After several questions) 🔳 Let's check the meaning of the story. Please complete the Japanese summary in pairs. You have five minutes. (After five minutes) 🔳 Let's check together. I'd like a pair to summarize it. (Some students raise their hands.) 🔳 Yoshiki and Kaito, could you please do that? (Yoshiki and Kaito answer very well.)
Writing	🔳 Next, please think about the following questions in groups for five minutes. After that please write the answers in English. There are five questions. No.1: What do you think about the story? No.2: Why do you think so? No.3: Which part are you most interested in? No.4: Why are you so interested in it? No.5: What do you think about nature? Ⓢ Excuse me, do we need to answer all of them? 🔳 Yes, try to do as much as possible. (After five minutes)
Speaking	🔳 Finally, please present your answers. Can any group present their answers? How about Group A? Please answer No.1 and No.2. What do you think about the story? Ⓢ I think the story is interesting. 🔳 Why do you think so? Ⓢ Because I like animals very much.

	🇹 Good. Let's move on to the next questions. Group B, would you please answer No.3 and No.4? Which part are you most interested in?
	Ⓢ I am interested in pandas.
	🇹 Why are you so interested in them?
	Ⓢ Because they are almost extinct.
	🇹 Yes, they are. How about No.5? Group C, please answer it. What do you think about nature?
	Ⓢ Nature is in danger.
	🇹 Good observation! Why do you think so?
	Ⓢ I can't answer the question.
	🇹 OK. Any other opinions?
	(Group D raises their hands.)
	🇹 Group D, what is your opinion?
	Ⓢ Nature is very important.
	🇹 Why do you think so?
	Ⓢ Because we can't live without nature.
	🇹 Great! Everyone, thank you very much. You did a great job!
リスニング	🇹 まず、ストーリーを聞こう。空所を埋めてください。
	(ストーリーを聞いた後)
	🇹 では、みんな。パートナーと答えをチェックしてください。
	(数分後)
	🇹 さあ答えをチェックしよう。文章で答えてくださいね。誰か1番に答えられますか？　マナブはどうですか？　文を読んでください。
	Ⓢ 答えは「Animals are very cute.」です。

	■ すごい！　2番はどうですか？　ミカ、答えられますか？
	⑤ 答えは「I like them very much.」です。
	■ たいへん結構です！
	⑤ もう一度言っていただけますか？
	■ いいですよ。
	（何人かとのやりとりの後）
リーディング	■ 次は、ストーリーを読みましょう。何の話ですか？　ミノル、わかりますか？
	⑤ 動物についてです。
	■ とてもいいですね！　では好きな動物を言ってください。チエ、何の動物が好きですか？
	⑤ 犬が好きです。
	■ すばらしい！　なぜ犬が好きなの？
	⑤ とても人懐っこいからです。
	■ そうだね。
	（ユキオが手を挙げる）
	■ ユキオ、どうぞ。
	⑤ ぼくはサルが好きです。
	■ それはとてもおもしろいね！　なぜ好きなの？
	⑤ かわいいからです。
	■ すばらしい！　では一緒に読んでみましょう。後に続いてください。
	（一緒に読んだ後）
	■ ではペアで読みの練習をしましょう。
	（数分後）
	■ 読んでくれる人はいませんか？
	（何人かの生徒が手を挙げる）

	🔲 ユカリとトモヤ、読んでもらえますか？
	（ユカリとトモヤはとても上手に読む）
	🔲 よくできました！　他のペアは？
	（何組かのペアが読んだ後）
	🔲 みんなありがとう。何か質問はありますか？　ユキオはどうですか？
	Ⓢ 「nature」は日本語では何ですか？
	🔲 いい質問です。日本語で「自然」という意味です。
	Ⓢ ありがとうございました。
	🔲 他に何か質問はありますか？
	（ユナが手を挙げる）
	🔲 ユナ、どうぞ。
	Ⓢ 英語で「環境」はどう言うのですか？
	🔲 「environment」と言います。
	Ⓢ わかりました。
	（いくつかの質問の後）
	🔲 ストーリーの意味をチェックしましょう。ペアで日本語の要約を完成させてください。時間は5分です。
	（5分後）
	🔲 一緒にチェックしましょう。ペアで要約してもらいたいと思います。
	（何人かの生徒が手を挙げる）
	🔲 ヨシキとカイト、やってもらえますか？
	（ヨシキとカイトがとてもうまく答える）
ライティング	🔲 次に、これから言う質問についてグループで5分間考えてください。その後、英語で答えを書いてください。5つ質問があります。
	1番：ストーリーをどう思いますか？

中学と高校の橋渡しとなる教室英語とモデルレッスン

準備編

	2番：なぜそう思うのですか？
	3番：どの部分に一番興味がありますか？
	4番：なぜそんなに興味があるのですか？
	5番：自然についてどう思いますか？
	Ⓢ すみません、それらをすべて答えるんですか？
	T そうです。できるだけやってください。
	（5分後）
スピーキング	T 最後に、答えを発表してください。どこかのグループに答えてもらえますか？　グループAはどうですか？　1番と2番に答えてください。ストーリーをどう思いますか？
	Ⓢ とてもおもしろいと思います。
	T なぜそう思うのですか？
	Ⓢ 動物がとても好きだからです。
	T いいですね。では次の質問に移りましょう。グループB、3番と4番に答えてもらえますか？　どの部分に一番興味がありますか？
	Ⓢ パンダに興味があります。
	T なぜそんなに興味があるのですか？
	Ⓢ 絶滅しつつあるからです。
	T そうですね。5番はどうですか？　グループC、答えてください。自然についてどう思いますか？
	Ⓢ 自然は危険な状態です。
	T いい意見です！　なぜそう思うのですか？
	Ⓢ その質問に答えられません。
	T いいですよ。他に意見はありますか？
	（グループDが手を挙げる）
	T グループD、どんな意見ですか？
	Ⓢ 自然はとても大切です。

T なぜそう思うのですか？
S 自然がないと生きていけないからです。
T すごい！　みんな、ありがとう。とてもよくやってくれました！

中学と高校の橋渡しとなる教室英語とモデルレッスン

リスニング活動のための座席配置例

リーディング活動のための座席配置例

②練習問題を用いた活動（想定時間：25分）

T Now, let's do some exercises. Today's exercises are about the past tense. First, answer the questions by yourself for five minutes.

(After five minutes)

T Next, please get into pairs and check your answers.

(After five minutes)

T Are you ready? Please raise your hand if you can answer No.1.

(Mayumi raises her hand.)

T Mayumi, please answer No.1.

S The answer is "gave".

T That's right! How about No.2? Naoki, please answer No.2.

S The answer is "taken".

T Close! Does anyone have another answer?

(Yumi raises her hand.)

T Yumi, please go ahead.

S I think it is "took".

T That's correct!

(After answering the questions)

T Finally, please get into pairs for five minutes and make five sentences using the past tense.

(After five minutes)

T OK, please present your sentences. Can any pair present them?

(Sanae and Yuki raise their hands.)

T Thank you, Sanae and Yuki. Please present your sentences.

(After some interactions)

🆃 Thank you very much, everyone. You did a very good job. Today's homework is to write a short passage using the past tense. Does anyone have any questions?

🆃 では練習問題をしましょう。今日の練習は過去形についてです。まずひとりで5分間答えてください。

（5分後）

🆃 次にペアになって答えをチェックしてください。

（5分後）

🆃 準備はいいですか？　1番に答えられた人は手を挙げてください。

（マユミが手を挙げる）

🆃 マユミ、1番に答えてください。

🆂 答えは「gave」です。

🆃 そのとおり！　2番はどうですか？　ナオキ、2番に答えてください。

🆂 答えは「taken」です。

🆃 惜しい！　誰か他に答えがありますか？

（ユミが手を挙げる）

🆃 ユミ、どうぞ。

🆂 「took」だと思います。

🆃 そのとおりです！

（答え合わせの後）

🆃 最後に、5分間ペアになって過去形を使った文を5つ作ってください。

（5分後）

🆃 では、文を発表してください。発表できるペアは？

（サナエとユキが手を挙げる）

🆃 サナエ、ユキ、ありがとう。文を発表してください。

（いくつかのやりとりの後）

T みんな、ありがとう。とてもよくやってくれました。
今日の宿題は過去形を使って短い文章を書いてくることです。誰か何か質問はありますか？

ライティング活動のための座席配置例

スピーキング活動のための座席配置例

③コミュニカティブな活動（想定時間：スピーチ、ディベート、それぞれ25分）

Speech	**T** Today we will make a speech about our favorite animal. Please finish writing your speech. After that please practice it in pairs. I'll give you ten minutes.
	(After ten minutes)
	T Are you ready? Please write your comments while listening to your friends' speeches. Please raise your hand if you can present your speech.
	(Naoto raises his hand.)
	T Thank you, Naoto. Please present your speech.
	S "I like cats very much. I like them because they are easygoing. I have a cat. She eats food when she wants to eat. I hope to be like my cat."
	T Excellent! Anyone else?
	(After some students present their speeches)
	T Thank you, everyone. Do you have any comments? Makoto, what can you say about Naoto's speech?
	S I like Naoto's speech.
	T Why do you like it?
	S Because I want to be easygoing like cats, too.
	T Good! Any other comments?
	(Nobuo raises his hand.)
	S I like dogs more than cats.
	T Why do you like them?
	S Because they are very friendly.
	T Very good!
	(After some interactions)

	T Thank you, everyone. Please finish reading your handout.
Debate	**T** Let's have a debate today. The topic is "Dogs are better pets than cats". Please get into your groups and finish your draft. The first two groups are Group A and Group B. Are you ready?
	(After students are ready)
	T Group A will present their opinion first.
	S We think dogs are better pets because they are friendlier than cats.
	T Thank you, Group A. Next, Group B will present their opinion.
	S We think cats are better because they are smarter.
	T Thank you, Group B. Next, present your rebuttal, Group A?
	S I understand what you said, but cats aren't better because they are selfish.
	T And Group B?
	S I see what you mean, but dogs aren't better pets because they are too noisy.
	T Thank you. Do you have any comments? Keiko, what do you think?
	S I like Group A because I had a dog for a long time.
	T Good. Anyone else? How about Atsushi?
	S I like both dogs and cats.
	T You really like animals.
	(After some debates and interactions)

	🔲 Thanks everyone. I'm very impressed with your debates. I'll announce which group is the winner after five minutes.	
スピーチ	🔲 今日は好きな動物についてのスピーチをします。スピーチを書き終えてください。その後ペアで練習をしてください。時間は10分です。	
	（10分後）	
	🔲 準備はいいですか？　友達のスピーチを聞きながらコメントを書いてください。スピーチができる人は手を挙げてください。	
	（ナオトが手を挙げる）	
	🔲 ありがとう、ナオト。スピーチを発表してください。	
	Ⓢ 「ぼくはネコが大好きです。それはネコが気楽だからです。ぼくはネコを飼っています。彼女は食べたい時に食べます。ネコのようになりたいです」	
	🔲 すばらしい！　他に誰か？	
	（何人かの生徒がスピーチを発表した後）	
	🔲 ありがとう、みんな。何かコメントはありますか？　マコト、ナオトのスピーチについて何かありますか？	
	Ⓢ ぼくはナオトのスピーチが好きです。	
	🔲 なぜ好きなのですか？	
	Ⓢ ぼくもネコのように気楽でいたいからです。	
	🔲 いいね！　何か他にコメントはありませんか？	
	（ノブオが手を挙げる）	
	Ⓢ ぼくはネコよりイヌの方が好きです。	
	🔲 なぜ好きなのですか？	
	Ⓢ とても人懐っこいからです。	
	🔲 とてもいいですよ！	
	（いくつかのやりとりの後）	

	🅣 ありがとう、みんな。プリントを読み終えてください。
ディベート	🅣 今日はディベートをしましょう。トピックは「イヌはネコよりいいペットだ」です。グループになって原稿を書き終えてください。最初のグループはグループAとグループBです。準備はいいですか？
	（生徒たちの準備が終わった後）
	🅣 まずグループAが意見を発表します。
	🅢 私たちはイヌの方がネコよりもいいペットだと思います、なぜならイヌはネコよりも人懐っこいからです。
	🅣 ありがとう、グループA。次はグループBが意見を発表します。
	🅢 私たちはネコの方がいいと思います、それは賢いからです。
	🅣 ありがとう、グループB。次に、グループA、反論を発表してください。
	🅢 言ったことはわかりますが、ネコの方がよくないです、なぜなら自分勝手だからです。
	🅣 グループBはどうですか？
	🅢 言おうとしていることはわかりますが、イヌの方がいいペットとは言えません。なぜならうるさ過ぎるからです。
	🅣 ありがとう。何かコメントはありますか？　ケイコはどう思いますか？
	🅢 私はイヌを長く飼っていたのでグループAがいいです。
	🅣 いいですね。他に誰か？　アツシはどうですか？
	🅢 僕はイヌもネコも好きです。
	🅣 動物がとても好きなんだね。
	（いくつかのディベートとやりとりの後）
	🅣 みんなありがとう。みんなのディベートに感動しています。5分後に、どのグループが勝ったかを発表します。

4）今日のまとめと演習（想定時間：8分）
Summary and Exercises for Today (Estimated Time: 8 minutes)

T Thank you, everyone. What did you learn in today's class? Hayato, can you tell us what you learned today?

S I learned the past tense.

T That's right! Let's look at the handout. Please take five minutes to answer the questions.

(After ten minutes)

T Let's check the answers!

(Teacher checks the answers explaining today's points.)

T ありがとう、みんな。今日の授業では何を学んだかな？　ハヤト、今日は何を学んだか言ってくれますか？

S 過去形を学びました。

T そのとおり！　プリントを見てみましょう！　5分で問題に答えてください。

（5分後）

T 答えをチェックしましょう！

（先生は今日のポイントを説明しながら答えをチェックする）

5）振り返りと次回までの課題（想定時間：2分）
Review and Assignment for the next class (Estimated Time: 2 minutes)

T You did a great job today. Any questions or comments? Please write them in the handout. Does anyone have any questions?

Ⓢ May I ask you a question?

T Sure.

Ⓢ Please explain the past tense in Japanese.

(Teacher explains it in Japanese.)

(After some interactions)

T Now it's time to say good-bye. Today's homework is to check some words and phrases on the next page. See you next class.

T 今日はとてもよくやってくれました。何か質問やコメントはありますか？ それらをプリントに書いてください。誰か質問はありますか？

Ⓢ 質問してもいいですか？

T もちろんです。

Ⓢ 日本語で過去形を説明してください。

(先生が日本語で説明する)

(いくつかのやりとりの後)

T では終わりの時間です。今日の宿題は次のページの単語と熟語を調べてくることです。次の授業で会いましょう。

COLUMN　生徒から引き出す発話を考える　　　　　　　金子 朝子

次に示すのは、教室で行われる典型的な対話です。教師と生徒の発話の長さと複雑さを比較してみましょう。

- T　What day of the week is it today?　　　　　　　　　　S　Tuesday.
- T　Yes, it's Tuesday. Good. Did you study English yesterday?　S　No.
- T　No? That's too bad. It's very important to study English
  every day. Do you understand?　　　　　　　　　　　　S　Yes.

　英語を学ぶ生徒よりも教える教師の方が何倍もの発話をしています。生徒からより多くの発話を引き出すには、どんな工夫ができるでしょうか。質問のタイプに注目してみましょう。この教師は、短い答えで済むような質問ばかりしていませんか。

　生徒から発話を引き出す問いかけは、疑問文が中心です。疑問文の基本的な形には、Yes/No疑問文、A or B疑問文、WH疑問文があります。教師の発する疑問文の長さや複雑さではなく、それに対する生徒の答えの長さや複雑さを考えてみましょう。Yes/No疑問文はYes.かNo.の1語だけで答えることが可能です。A or B疑問文はどうでしょう。Yes.やNo.よりは長いかもしれませんが、これもAかBのどちらか1語、しかも教師の与えた選択肢のどちらかを選ぶことで答えることができます。WH疑問文の場合には、様々な答えが返ってくる可能性があります。上記の例のようにWhat 〜 ?やWhat + 名詞 〜 ?は往々にして1語で終わることもありますが、How 〜 ?やWhy 〜 ?の質問に対しては、少なくともフレーズで、または文で答えなければなりません。

　一人の生徒と時間をかけて対話を続けることができる場合は、Yes/No疑問文から始めて、次第に長い答えが必要な疑問文へと繋げていくこともできますが、授業ではそれだけの時間の余裕はありません。そうした場合、英語が苦手な生徒には、Yes/Noで答えられる簡単な質問を、そして得意な生徒には少々チャレンジングで長めの文章で答えなければならないような質問を投げかけてはどうでしょうか。不得意な生徒は、教師の質問に答えることができたことで、また、得意な生徒は難しい質問に答えることができたことで満足感を持ってもらえるのではないかと思います。

　教師は、生徒から引き出したい答えを引き出せるような質問をし、生徒の答えを聞きながらフィードバックを行い、さらに次にどんな質問をするか、誰に答えてもらうかを考えながら、授業を進めます。決して筋書き通りには進まない生徒との英語のやり取りを上手く進め、生徒により多くの発話のチャンスを与えるためには、質問をする時に、生徒から引き出すことのできる発話の量と質を考えることが重要です。

準備編　中学と高校の橋渡しとなる教室英語とモデルレッスン

第1章
「コミュニケーション英語Ⅰ」のための教室英語とモデルレッスン

Classroom English and Model Lesson for
"Communication English Ⅰ"

「コミュニケーション英語Ⅰ」の目標と内容
Goals and Contents for "Communication English Ⅰ"

▶「コミュニケーション英語Ⅰ」は、高等学校外国語科において英語を履修する場合に、すべての生徒に履修させる科目として設定されました。中学校におけるコミュニケーション能力の基礎を養うための総合的な指導を踏まえ、積極的にコミュニケーションを図ろうとする態度を育成するとともに、「聞く・話す・読む・書く」の4技能を総合的に育成するための統合的な科目です。特に、「聞く・読む」ことで得た情報や考えなどについて「話す・書く」という、統合的な言語活動を行うことが期待されています。なお、高校で学習する文法事項は、この科目の中ですべて学習することになっています。

目標

> 英語を通じて、積極的にコミュニケーションを図ろうとする態度を育成するとともに、情報や考えなどを的確に理解したり適切に伝えたりする基礎的な能力を養う。

「コミュニケーション英語Ⅰ」の目標は、次の二つの要素から成り立っています。

①英語を通じて、積極的にコミュニケーションを図ろうとする態度を育成すること。
②英語を通じて、情報や考えなどを的確に理解したり適切に伝えたりする基礎的な能力を養うこと。

　①は、「外国語科の目標」に準じています。②は、聞いたり読んだりすることで得た情報や考えなどを的確に理解したり、情報や考えなどを受け手に適切に伝えたりする基礎的な能力の養成を意味しています。「基礎的な能力を養う」とあるのは、この科目が「コミュニケーション英語」の第一ステップであり、高校における英語の基礎力を培うことを目標としているためです。

内容

> 1) 事物に関する紹介や対話などを聞いて、情報や考えなどを理解したり、概要や要点をとらえたりする。

　「聞く」を中心とした活動です。教師や生徒による発話や、さまざまな音声の教材を聞い

て、その情報や考えなどを的確に理解したり、目的に応じて概要や要点をとらえたりする活動を目指しています。
　この指導内容は、聞いた内容について、賛成や反対などの意見を述べたり、簡単な感想を述べたりするような活動へとつながるものです。

> 2）説明や物語などを読んで、情報や考えなどを理解したり、概要や要点をとらえたりする。また、聞き手に伝わるように音読する。

　読んで理解したことを「音読」へとつなげる活動です。この指導内容は、読んだ内容について、賛成や反対などの意見を述べたり、簡単な感想を述べたりするような活動も併せて行うことです。

> 3）聞いたり読んだりしたこと、学んだことや経験したことに基づき、情報や考えなどについて、話し合ったり意見の交換をしたりする。

　さまざまな方法で得た情報を「話す」ことにつなげる活動です。教師や他の生徒による発話、さまざまな映像や音声の教材、教科用図書などから得た情報だけでなく、他の教科で学んだことや、学校や家庭などにおける日常生活の中で経験し学んだことなどから課題を選びます。そして、生徒が互いに質問したり、個人またはグループとして意見を交換したりすることを重視しています。

> 4）聞いたり読んだりしたこと、学んだことや経験したことに基づき、情報や考えなどについて、簡潔に書く。

　さまざまな方法で得た情報を「書く」ことにつなげる活動です。先生だけでなく、生徒同士が書かれたものの誤りを指摘したり、それをもとに書き直したりする活動も含んでいます。また、書いた内容に対して生徒同士が賛否や感想を書き、それを交換し合ったりすることも目標とされています。
　旧科目「英語Ⅰ」では文法・訳読が中心となりがちで、「聞く・話す」の指導が十分に行われてこなかった反省から、「コミュニケーション英語Ⅰ」が生まれました。この新しい科目では、4つの技能を伸ばす活動が、よりいっそう統合された形で授業の中で展開することが期待されています。
　「コミュニケーション英語Ⅰ」は、多くの学校では高校1年生で行われる科目です。本章では、生徒が無理なく主体性を持って、教師とともに英語を使いながら、4技能を融合的に伸ばせるような基本的な教室英語とモデルレッスンを考えます。

UNIT 1
生徒中心の授業のための教室英語
Classroom English for Student-Centered Class

▶生徒中心のコミュニカティブな活動にペアワーク・グループワークを取り入れながら、4技能を伸ばすための基本的な教室英語を「聞く・読む・話す・書く」という4つの活動ごとに紹介していきます。

本書の最大の目標である「生徒中心の授業」が実現できるよう、先生から生徒への指示を極力控え、生徒から先生、そして最終的には生徒同士が英語を使ってやりとりするための教室英語を示します。このプロセスを何回も繰り返すことで、最初は日本語を使ってやりとりをしていた生徒も、徐々に英語を用いたコミュニカティブな活動ができるようになります。

1）「事物の紹介や対話などを聞いて、情報や考えなどの要点を理解し、意見や感想を述べる」ための教室英語

先生から生徒へ

1.
- 今日はレッスン3のパート1を勉強します。まずストーリーを注意深く聞いてください。次に、メモを取りながら、もう一度聞いてください。
- We'll study part 1 of Lesson 3 today. First, please listen to the story carefully. Next, listen to it again while taking notes.

2.
- では、ペアでストーリーについて話し合ってください。それからそのストーリーについて何でもいいので黒板に書いてください。
- OK, please talk about the story in pairs. Next write down anything about the story on the blackboard.

3.
- みんな一生懸命にやってくれてありがとう。
- Thank you everyone for your hard work.

4.
- 黒板を見て、意見を言ってください。
- Please look at the blackboard and give your opinions.

5.
- 🇯 今日はレッスン〜に関連したストーリーを聞いてもらいます。これはレッスン〜より難しいです。
- 🇬 Today I'd like you to listen to a story related to Lesson 〜. This will be more difficult than Lesson 〜.

6.
- 🇯 ストーリーをよく理解できるように〜つの質問をします。聞いてからそれらについてペアで答えてください。
- 🇬 I'll give you 〜 questions to help you better understand the story. Please answer them in pairs after listening to them.

7.
- 🇯 ペアで質問について答えてください。
- 🇬 Please answer the questions in pairs.

8.
- 🇯 コメント［質問］はありますか？ 〜はどうですか？
- 🇬 Do you have any comments [opinions]? How about 〜 ?

9.
- 🇯 まずストーリーのあらすじについて理解するようにしてください。次に、ストーリーの細かいところをメモしてください。
- 🇬 Please try to understand the outline of the story first. Next, please take notes about the details of the story.

10.
- 🇯 今日はふたりのクラスメートの会話を聞きます。ふたりが何について話しているかを理解するようにしてください。
- 🇬 Today we'll listen to dialogues between two classmates. I want you to try to understand what they are talking about.

11.
- 🇯 最初はストーリーのあらすじを理解するだけでいいです。次に、意見を書いてください。
- 🇬 First just focus on understanding the outline of the story. Next, write down your opinions.

12.
- 🇯 ストーリーを聞いて事実と意見を区別してください。
- 🇬 Please listen to the story and divide the facts from the opinions.

13.
- ストーリーを聞く前に要点を読んでください。
- Please read the main points of the story before you listen to the story.

14.
- 最後に、ストーリーの要点について意見を交換してください。
- Finally, exchange your opinions about the story.

15.
- 理解したことをパートナーと意見交換してください。
- Please exchange what you and your partners understood.

16.
- ストーリーについていくつか質問を作ってください。
- Please make some questions about the story.

17.
- ペア［グループ］でそれらについて話し合ってください。
- Please discuss them in pairs [groups].

18.
- 同じストーリーをインターネットで見つけてください。
- Please try to find the same story on the Internet.

19.
- よく聞いてストーリーを理解するようにしてください。
- Please listen carefully and try to understand the story.

20.
- 今度はアラン［ALT］が自分の子ども時代について話します。よく聞いてください。
- At this time Alan [ALT] will tell you about his childhood. Please listen to him carefully.

生徒から先生へ

1.
- Ⓢ 質問をしてもいいですか？
- Ⓢ May I ask you a question?
- Ⓣ どうぞ。
- Ⓣ Sure.

2.
- Ⓢ 文で答えなくてはいけませんか？
- Ⓢ Should we write the answers in sentences?
- Ⓣ そうでなくてもいいですよ。答えを書くだけでも大丈夫です。
- Ⓣ Not necessarily. You can just write the answers.

3.
- Ⓢ ペアでどのくらい話し合うのですか？
- Ⓢ How long will we discuss the questions in pairs?
- Ⓣ 時間は〜分です。
- Ⓣ I'll give you 〜 minutes.

4.
- Ⓢ 日本語で話し合ってもいいですか？
- Ⓢ Can we discuss them in Japanese?
- Ⓣ できるだけ英語を使ってくださいね。
- Ⓣ Please use English as much as possible.

5.
- Ⓢ もう一度繰り返していただけますか？
- Ⓢ Could you repeat it again?
- Ⓣ もちろん、いいですよ。
- Ⓣ Sure, no problem.

6.
- Ⓢ もっとやさしい英語を使ってストーリーを説明していただけますか？
- Ⓢ Would you explain the story using easier English?
- Ⓣ わかりました。
- Ⓣ Yes.

7.
- Ⓢ ストーリーの最後の部分がわかりません。
- Ⓢ I can't understand some parts at the end of the story.

T わからないところを話し合いましょう。	T Let's discuss the parts you don't understand.

8.

S 会話の最初の部分を言い換えていただけますか？	S Would you rephrase the first part of the dialogue?
T はい、わかりました。	T Yes. I'd be glad to.

9.

S ストーリーを要約してくださいますか？	S Would you summarize the story?
T 後で要約しますね。	T I will summarize it later.

10.

S 難しい語句を説明していただけますか？	S Could you explain the difficult words and phrases?
T まず自分で辞書を調べましょう。	T You should first look them up on your own.

11.

S インターネットでどのURLを調べたらいいですか？	S What's the URL for us to check it on the Internet?
T 授業が終わる前に黒板に書きますね。	T I'll write it on the blackboard before the end of class.

12.

S もう一度ストーリーを読んでいただけますか？	S Could you read the story one more time?
T もちろんです。	T Of course.

13.

S アラン［ALT］にストーリーを読んでもらっていいですか？	S Can I ask Alan [ALT] to read the story?
T はい、頼んでみてください。	T Yes, please ask him.

14.
- Ⓢ 事実と著者の意見の違いをどうやって見分けたらいいですか？
- Ⓣ インターネットで調べてみてください。

- Ⓢ How can we tell the difference between the facts and the author's opinions?
- Ⓣ By researching them it on the Internet.

15.
- Ⓢ ストーリーの要点を理解するのに一番いい方法は何ですか？
- Ⓣ 聞きながらメモを取ることですね。

- Ⓢ What's the best way to understand the main points of the story?
- Ⓣ Taking notes while listening.

16.
- Ⓢ 聞く力を伸ばす一番いい方法は何ですか？
- Ⓣ 毎日英語を聞くことです。

- Ⓢ What's the best way to improve our listening ability?
- Ⓣ Listening to English every day.

17.
- Ⓢ インターネットでストーリーを聞くことができますか？
- Ⓣ できますよ。

- Ⓢ Is it possible for us to listen to the story on the Internet?
- Ⓣ You can.

18.
- Ⓢ もう少しゆっくりストーリーを読んでいただけますか？
- Ⓣ もちろんです。

- Ⓢ Would you mind reading the story a little more slowly?
- Ⓣ No problem.

19.
- Ⓢ どこが一番大切ですか？
- Ⓣ まず自分で探してみてくださいね。

- Ⓢ What part is the most important?
- Ⓣ Please try to find it on your own first.

生徒と生徒

1.

(S1) ストーリーがわかった？ — (S1) Did you understand the story?

(S2) わかったよ。／わからなかったよ。 — (S2) Yes, I did. / No, I didn't.

2.

(S1) 何についてのストーリーだと思う？ — (S1) What do you think the story is about?

(S2) 〜についてだと思うよ。 — (S2) I think it is about 〜.

3.

(S1) なぜそう思うの？ — (S1) Why do you think so?

(S2) 〜についての単語をたくさん聞いたからだよ。 — (S2) Because I heard many words about 〜.

4.

(S1) 例えば？ — (S1) For example?

(S2) A、B、C、そしてDを聞き取ったよ。 — (S2) I heard A, B, C, and D.

5.

(S2) あなたはどう？ — (S2) How about you?

(S1) 私もそう思うな。／私も〜についてのストーリーだと思うな。 — (S1) I think so, too. / I also think the story is about 〜.

6.

(S1) キーワードは何だと思う？ — (S1) What do you think the key words are?

(S2) A、B、そしてCだと思うよ。 — (S2) I think they are A, B, and C.

7.

(S1) どう思う？ — (S1) What do you think?

(S2) 賛成［反対］だよ。 — (S2) I agree [don't agree] with you.

52

8.
- S1 ストーリーの主なテーマは何だと思う？
- S2 ～だと思うよ。

- S1 What do you think is the main theme of the story?
- S2 I think it is ～ .

9.
- S1 ストーリーをどう感じる［思う］？
- S2 ～と感じるよ。／とても感動している［驚いている］よ。

- S1 How do you feel [What do you think] about the story?
- S2 I feel it is ～ . / It is very moving [surprising].

10.
- S1 ストーリーは気に入っている？
- S2 うん、気に入っているよ。／ううん、気に入らないよ。

- S1 Do you like the story?
- S2 Yes, I do. / No, I don't.

11.
- S1 どの部分が一番いい？
- S2 最後の部分が一番いいな。

- S1 What part do you like the best?
- S2 I like the last part the best.

12.
- S1 どこが難しかった？
- S2 第2段落が難しかったよ。

- S1 What part did you find difficult?
- S2 I found the second paragraph difficult.

13.
- S1 私の意見を気に入ってる？
- S2 うん、とても。／ううん、それほどでも。

- S1 Do you like my opinions?
- S2 Yes, I like them very much. / No, I don't like them very much.

14.
- S1 このストーリーで一番大切なことは何だと思う？
- S2 親切が一番ということだと思うよ。

- S1 What do you think is the most important thing in this story?
- S2 I think kindness is the most important.

15.
(S1) 日本語でそのストーリーについて教えてくれる？

(S1) Will you tell me about the story in Japanese?

(S2) うん、いいよ。

(S2) Yes, I will.

16.
(S1) ストーリーのどの部分が気に入らないの？

(S1) What part don't you like about the story?

(S2) 真ん中の部分だよ。

(S2) I don't like the middle part of the story.

17.
(S1) そのストーリーは何についてだと思う？

(S1) What do you think the story is about?

(S2) 英語の歴史についてだと思うな。

(S2) It is about the history of English.

18.
(S1) 私にストーリーを読んでくれる？

(S1) Can you read the story for me?

(S2) もちろん。

(S2) Sure.

19.
(S1) 答えを調べてくれる？

(S1) Can you check my answers?

(S2) もちろん。

(S2) I'd be glad to.

2)「説明文や物語文などを読んで、内容について意見や感想を述べる」ための教室英語

先生から生徒へ

1.
- それではストーリーを読みましょう。まずひとりで読んでください。
- Now let's read the story. First read it by yourself.

2.
- 次に、ストーリーについて何でもいいので質問してください。
- Next, please ask me anything about the story.

3.
- それでは、ストーリーについてグループ［ペア］で、意見を書きながら話し合ってください。
- Then, talk about the story in groups [pairs], and write down your opinions.

4.
- では、みなさん、グループでの話し合いをやめてください。
- OK, everyone, please stop discussing in groups.

5.
- では新しいストーリーを読みます。まずストーリーのあらすじを理解してください。
- We will now read a new story. First try to understand the outline of the story.

6.
- 終わりましたか？ 次に、５つのWと１つのHを使ってグループで６つの質問を作ってほしいと思います。
- Are you finished? Next, I want you to make six questions by using the 5Ws and the 1H in groups.

7.
- ではそれぞれのグループは他のグループに１つ質問をしてほしいと思います。
- Now I want each group to ask one question to the other groups.

8.
- 読みながら重要ポイントを書き留めてください。
- Please take notes of the important points while reading the story.

9.

- パートナーとそれらを交換してください。
- Please exchange them with your partners.

10.

- 日本語［英語］でストーリーを要約してください。
- Please summarize the story in Japanese [English].

11.

- グループ［ペア］で、5つのWと1つのHを使ってストーリーについて6つの質問を作ってください。
- Please make six questions about the story in groups [pairs], using the 5Ws and the 1H.

12.

- ストーリーについて質問やコメントを書いてください。
- Please write your opinions and comments about the story.

13.

- 質問があったら手を挙げてください。
- Please raise your hand if you have any questions.

14.

- インターネットでストーリー［記事］を調べてください。
- Please check the story [article] on the Internet.

15.

- インターネットで似たストーリーを見つけてください。
- Please find a similar story on the Internet.

| 生徒から先生へ | CD 15 |

1.
- ⓢ この単語の意味は何ですか？
- ⓣ 辞書で調べてください。

- ⓢ What does this word mean?
- ⓣ Please look it up in your dictionary.

2.
- ⓢ どうやって文を訳したらいいですか？
- ⓣ 黒板にいくつかヒントを書きますね。

- ⓢ How can I translate the sentence?
- ⓣ I will write some hints on the blackboard.

3.
- ⓢ 著者について話していただけますか？
- ⓣ インターネットで調べてください。

- ⓢ Could you please tell us about the author?
- ⓣ Please look him/her up on the Internet.

4.
- ⓢ そのストーリーを説明してくださいますか？
- ⓣ わかりました。

- ⓢ Would you explain the story?
- ⓣ OK, I will.

5.
- ⓢ なぜ今日の授業でそのストーリーを読んだのですか？
- ⓣ あなたたちが興味を持ちそうだったからです。

- ⓢ Why did we read the story in today's class?
- ⓣ Because you seemed interested in the story.

6.
- ⓢ 私たちが授業でのストーリーを選ぶことはできますか？
- ⓣ もちろん、できます。

- ⓢ Is it possible for us to select the story for our class?
- ⓣ Of course, you can.

7.

Ⓢ どんな種類のストーリー［小説］が好きですか？

Ⓣ 恋愛のストーリー［小説］が好きです。

Ⓢ What type of stories [novels] do you like?

Ⓣ I like romantic stories [novels].

8.

Ⓢ 好きな作家は誰ですか？

Ⓣ シェークスピアが好きです。

Ⓢ Who is your favorite writer?

Ⓣ Shakespeare is my favorite writer.

9.

Ⓢ 好きな劇は何ですか？

Ⓣ ロミオとジュリエットです。

Ⓢ What is your favorite play?

Ⓣ My favorite play is Romeo and Juliet.

10.

Ⓢ どんな新聞を読んだらいいですか？

Ⓣ いろんな種類の新聞を読んでほしいです。

Ⓢ What kind of newspaper should we read?

Ⓣ I want you to read many kinds of newspapers.

11.

Ⓢ 読む力をつけるのに一番いい方法は何ですか？

Ⓣ たくさん本を読むことです。

Ⓢ What's the best way to improve our reading ability?

Ⓣ By reading many books.

12.

Ⓢ どうしたら同じ種類のストーリーを見つけられますか？

Ⓣ インターネットで似たものが見つかりますよ。

Ⓢ How can we find the same kind of story?

Ⓣ You can find one similar to it on the Internet.

13.
- Ⓢ どうやったら質問が作れるか教えていただけますか？
- Ⓣ 5つのWと1つのHを使うようにしてください。

- Ⓢ Could you teach me how to make questions?
- Ⓣ Try using the 5Ws and the 1H.

14.
- Ⓢ いくつか質問の例を示していただけますか？
- Ⓣ いいですよ、黒板にいくつか書きますね。

- Ⓢ Could you give us some examples of questions?
- Ⓣ OK, I will write some on the blackboard.

15.
- Ⓢ ストーリーを理解するのに一番いい方法は何ですか？
- Ⓣ キーワードを見つけて理解することです。

- Ⓢ What is the best way to understand the story?
- Ⓣ Finding and understanding the keywords.

生徒と生徒

1.

Ⓢ1 そのストーリーをどう思った？　　Ⓢ1 What did you think about the story?

Ⓢ2 ～だと思ったよ。　　Ⓢ2 I thought it was ～ .

2.

Ⓢ1 なぜそう思ったの？　　Ⓢ1 Why did you think so?

Ⓢ2 ～だったからだよ。　　Ⓢ2 Because it was ～ .

3.

Ⓢ2 あなたはどうだった？　　Ⓢ2 How about you?

Ⓢ1 ～だと思ったよ。　　Ⓢ1 I thought it was ～ .

4.

Ⓢ2 なぜ？　　Ⓢ2 Why?

Ⓢ1 ～だったからだよ。　　Ⓢ1 Because I ～ .

5.

Ⓢ1 グループAに「～」という質問をします。　　Ⓢ1 I'll ask Group A the question " ～ ".

Ⓢ2 その答えは「～」だと思います。　　Ⓢ2 I think the answer is " ～ ".

6.

Ⓢ1 著者の［私の］意見に賛成ですか、それとも反対ですか？　　Ⓢ1 Are you for or against the author's [my] opinion?

Ⓢ2 賛成［反対］です。　　Ⓢ2 I am for [against] it.

7.

Ⓢ1 もう一度言ってください。　　Ⓢ1 Please say it again.

Ⓢ2 いいですよ。よく聞いてくださいね。　　Ⓢ2 OK, listen carefully.

8.
- ⓢ①その文の意味を説明してくれる？
- ⓢ②もちろん。

- ⓢ①Will you explain the meaning of the sentence?
- ⓢ②Of course.

9.
- ⓢ①なぜそのストーリーが好き［嫌い］なの？
- ⓢ②とてもやさしい［難しい］からだよ。

- ⓢ①Why do [don't] you like the story?
- ⓢ②Because it is very easy [difficult].

10.
- ⓢ①アラン［ALT］に単語の意味を聞いてくれる？
- ⓢ②うん、聞いてみるよ。

- ⓢ①Can you ask Alan [ALT] the meaning of the words?
- ⓢ②Yes, I will.

11.
- ⓢ①この文を日本語に直してくれる？
- ⓢ②一緒に訳そうよ。

- ⓢ①Will you translate this sentence into Japanese?
- ⓢ②Let's translate together.

12.
- ⓢ①著者は何を言おうとしていると思う？
- ⓢ②愛が大切だと言おうとしていると思うよ。

- ⓢ①What do you think the author is trying to say?
- ⓢ②I think he/she is trying to say love is important.

13.
- ⓢ①このストーリーでもっとも印象的なところは何？
- ⓢ②ストーリーの最後の部分だよ。

- ⓢ①What is the most impressive part of this story?
- ⓢ②It is the last part of the story.

14.
- ⓢ①英語の質問の作り方を教えてくれる？
- ⓢ②もちろんだよ。

- ⓢ①Will you teach me how to make questions in English?
- ⓢ②Sure.

15.

Ⓢ①著者はどうしてその言葉を言ったと思う？　Ⓢ①Why do you think the author said that word?

Ⓢ②正直さを強調していると思うよ。　Ⓢ②I think he/she is trying to stress the importance of honesty.

16.

Ⓢ①この著者はどうしてこの小説を書いたと思う？　Ⓢ①Why do you think this author wrote this novel?

Ⓢ②動物を愛していたからだと思うな。　Ⓢ②I think he/she loves animals.

3）「聞いたり読んだりして得た情報や考えなどについて、意見の交換をする」ための教室英語

先生から生徒へ

1.
- ではグループ［ペア］の意見を発表してもらいます。
- I would like you to now present your groups' [pairs'] opinions.

2.
- これから意見を自由に交換してください。
- From now on please exchange your opinions freely.

3.
- 今日は〜に司会をやってもらいたいと思います。
- Today I would like 〜 to be the moderator.

4.
- みんなありがとう。最後に、新しいペアを作って意見を書いてください。
- Thank you everyone. Finally, I want you to form new pairs and write down your opinions.

5.
- 次に、みなさんにストーリーについて話し合ってもらいたいと思います。ストーリーの一番いいところは何ですか？ 何か考えはありますか？ 〜分間グループでそれについて話し合ってください。
- Next, I'd like you to discuss the story. What is the best part of the story? Any ideas? Please talk about it in groups for 〜 minutes.

6.
- みんなで一緒に話し合いましょう！今度は自由に意見を交換してもらいたいと思います。誰か司会をやりたい人はいますか？
- Let's all discuss it together! I'd like you to exchange your opinions freely at this time. Does anyone want to be the moderator?

7.
- みんなありがとう。すばらしい討論でした。最後に、ショートスピーチのための原稿を書いてみましょう。
- Thank you everyone. This was a great discussion. Finally, let's write the draft for a short speech.

8.
- 他のグループ［ペア］に質問やコメントがあったら手を挙げてください。
- Please raise your hand if you have any questions and comments for the other groups [pairs].

9.
- 質問に答えられるなら手を挙げてください。
- Please raise your hand if you can answer the questions.

10.
- その意見に賛成ですか、反対ですか？
- Are you for or against the opinions?

11.
- どんな点で〜に賛成［反対］ですか？
- What points are you for [against] 〜?

12.
- 〜に賛成［反対］ですか？
- Do you agree [disagree] with 〜?

13.
- アラン［ALT］の意見を聞いてはどうですか？
- Why don't we ask Alan [ALT] for his opinion?

14.
- 別の方法で言えますか？
- Can you say it in another way?

| 生徒から先生へ |

1.
- Ⓢ 発表の準備にどのくらい時間をかけていいですか？
- Ⓣ 時間は〜分です。
- Ⓢ How long can we prepare for the presentation?
- Ⓣ I will give you 〜 minutes.

2.
- Ⓢ いくつ文を発表しなくてはいけませんか？
- Ⓣ 1つか2つでいいです。
- Ⓢ How many sentences should we present?
- Ⓣ Just one or two sentences are enough.

3.
- Ⓢ この単語はどのように発音したらいいですか？
- Ⓣ もう一度発音しますね。
- Ⓢ How do you pronounce this word?
- Ⓣ I will pronounce it one more time.

4.
- Ⓢ どこにアクセントを置いたらいいですか？
- Ⓣ 〜にアクセントを置いてください。
- Ⓢ Where should we put the stress?
- Ⓣ Please put the stress on the 〜 .

5.
- Ⓢ どうやったらこの会話をもっと自然に読めますか？
- Ⓣ 何度も読むことです。
- Ⓢ How can we read this dialogue more naturally?
- Ⓣ By reading it many times.

6.
- Ⓢ どうやったら話す力を伸ばせるでしょうか？
- Ⓣ 毎日英語を聞くことです。
- Ⓢ How can we improve our speaking ability?
- Ⓣ By listening to English every day.

7.
- Ⓢ 発表時間はどれくらいなくてはいけませんか？
- Ⓣ およそ〜分間発表してください。

- Ⓢ How long should our presentation be?
- Ⓣ It should be about 〜 minutes.

8.
- Ⓢ いくつか会話例を示してください。
- Ⓣ わかりました、よく聞いてください。

- Ⓢ Please give us some example dialogues.
- Ⓣ OK, please listen carefully.

9.
- Ⓢ 発表のために役に立つ表現をいくつか教えていただけますか？
- Ⓣ プリントで示しますね。

- Ⓢ Could you teach us some useful expressions for this presentation?
- Ⓣ I will give them to you in the handout.

10.
- Ⓢ 私たちの発表にアドバイスをいただけますか？
- Ⓣ 〜するとよいと思います。

- Ⓢ Could you give us some advice for our presentation?
- Ⓣ I recommend you to 〜.

11.
- Ⓢ この意見は意味が通っていますか？
- Ⓣ はい。

- Ⓢ Does this opinion make sense?
- Ⓣ Yes, it does.

12.
- Ⓢ どのようにこの日本語を英語に直したらいいですか？
- Ⓣ いくつかヒントをあげますね。

- Ⓢ How can we change this Japanese into English?
- Ⓣ I will give you some hints.

13.
- Ⓢ 教科書から単語を使っていいですか？
- Ⓣ はい、どうぞ。

- Ⓢ Can we use some words from the text?
- Ⓣ Yes, you can.

14.
- Ⓢ 原稿は暗記しなければいけませんか？
- Ⓣ できるだけ暗記してください。

- Ⓢ **Should we memorize our drafts?**
- Ⓣ **Please memorize them as much as possible.**

15.
- Ⓢ 発表の一番大切なポイントは何ですか？
- Ⓣ はっきりと意見を発表することです。

- Ⓢ **What is the important point of our presentation?**
- Ⓣ **It is to clearly present your opinions.**

生徒と生徒

1.

S1 ストーリーをどう思った？ — S1 What did you think about the story?

S2 ～だと思ったよ — S2 I thought it was ~ .

S1 なぜそう思ったの？ — S1 Why did you think so?

S2 ～だったからだよ。 — S2 Because it was ~ .

2.

S1 ～に賛成？ — S1 Do you agree with ~ ?

S2 うん、賛成だよ。／ううん、反対だよ。 — S2 Yes, I do. / No, I don't.

3.

S1 あなたの意見は？ — S1 What's your opinion?

S2 ～に賛成［反対］だよ。 — S2 I agree [don't agree] with ~ .

4.

S1 そのストーリーについてどう感じる？ — S1 How do you feel about the story?

S2 ～と感じるよ。 — S2 I feel the story is ~ .

5.

S1 司会者になれてとても光栄に思います。そのトピックについて一緒に話し合いましょう！　意見のあるグループはありますか？　グループ～はどうですか？ — S1 I feel very honored to be the moderator. Let's discuss the topic together! Does any group have an opinion? How about Group ~ ?

S2 …なので～だと思います。 — S2 I think ~ because … .

6.

S1 グループ～、その意見に賛成ですか？ — S1 Group ~ , do you agree with the opinions?

S2 ～に全面的に賛成ではありません。 — S2 I can't totally agree with ~ .

7.
- Ⓢ1 それはおもしろいですね。どうぞ続けてください。
- Ⓢ1 That's interesting. Please go ahead.

- Ⓢ2 …なので〜だと思います。
- Ⓢ2 I think 〜 because … .

8.
- Ⓢ1 それは大切な点だと思います。意見のあるグループはありますか？　〜はどうですか？
- Ⓢ1 I think that is an important point. Does any group have an opinion? How about 〜?

- Ⓢ2 …なので〜の方がいいです。
- Ⓢ2 I prefer 〜 because … .

9.
- Ⓢ1 その話について何か言いたいことはある？
- Ⓢ1 Do you have anything to say about the story?

- Ⓢ2 うん、あるよ。／ううん、ないよ。
- Ⓢ2 Yes, I do. / No, I don't.

10.
- Ⓢ1 〜に賛成、それとも反対？
- Ⓢ1 Are you for or against 〜?

- Ⓢ2 賛成［反対］だよ。
- Ⓢ2 I am for [against] 〜.

11.
- Ⓢ1 〜を英語でどう言うの？
- Ⓢ1 How can we say 〜 in English?

- Ⓢ2 〜と言うよ。／和英辞典で調べてみようよ。
- Ⓢ2 You say 〜 in English. / Lets look it up in a Japanese-English dictionary.

12.
- Ⓢ1 発表にはどんなトピックがいいかな？
- Ⓢ1 What topic is good for our presentation?

- Ⓢ2 〜について話そうよ。
- Ⓢ2 Let's talk about 〜.

13.
- Ⓢ1 発表のためにどうしたらもっと情報が得られるかな？
- Ⓢ1 How can we get more information for our presentations?

- Ⓢ2 インターネットを使うのはどうかな？
- Ⓢ2 How about using the Internet?

69

14.
- Ⓢ①その意見について何かコメントはある？
- Ⓢ②うん、あるよ。／ううん、ないよ。

- Ⓢ①Do you have any comments about the opinions?
- Ⓢ②Yes, I do. / No, I don't.

15.
- Ⓢ①どうやったら発表をもっとよくできるかな？
- Ⓢ②もっとはっきりした言葉を使うことだね。

- Ⓢ①How can we make our presentations better?
- Ⓢ②By using clearer words.

16.
- Ⓢ①私の原稿にどこか間違いがある？
- Ⓢ②ないよ。／あるよ。

- Ⓢ①Is there anything wrong with my draft?
- Ⓢ②No, there isn't. / Yes, there is.

17.
- Ⓢ①発表のポイントは何？
- Ⓢ②それは〜だよ。

- Ⓢ①What is the point of your presentation?
- Ⓢ②It is 〜 .

18.
- Ⓢ①なぜこのトピックを発表に選んだの？
- Ⓢ②それが〜だからだよ。

- Ⓢ①Why did you decide on this topic for your presentation?
- Ⓢ②Because it is 〜 .

4）「聞いたり読んだりして得た情報や考えなどを簡潔にまとめ、意見や感想を書く」ための教室英語

先生から生徒へ

1.
- T 2つ以上の文でペアで意見を書いてください。それについてどんなことでも質問してくれてかまいません。
- T Please write your opinions in pairs using more than two sentences. You can ask me any questions.

2.
- T さあ、みなさん、黒板に意見を書いてください。
- T OK, everyone, please write your opinions on the blackboard.

3.
- T 一緒にチェックしましょう！
- T Let's check them together!

4.
- T 誰かコメントはありますか？
- T Does anyone have a comment?
- S ～に間違いがあると思います。
- S I think there is a mistake in ～.

5.
- T 何が間違っていると思いますか？
- T What do you think is wrong?
- S その文には～が必要だと思います。
- S I think the sentence needs ～.

6.
- T 他には？
- T Anything else?
- S その文には～も必要だと思います。
- S I think the sentence also needs ～.

7.
- T 次の授業の前に意見を完成させてください。
- T Please try to complete your opinions before we meet for next class.

8.
- T では、ペアになってスピーチの原稿を書いてください。
- T Now, please get into pairs to write the draft for the speech.

9.
- 🇹 さあ始めましょう。終わったら黒板に原稿を書いてください。
- 🇹 Let's begin. Please write your drafts on the blackboard after you finish.

10.
- 🇹 みんなありがとう。原稿について自由に意見を交換してください。
- 🇹 Thank you everyone. Please freely exchange your opinions about the drafts.

11.
- 🇹 意見を書いて、パートナーとそれを交換してください。
- 🇹 Please write down your opinions now and exchange them with your partners.

12.
- 🇹 前に来て、意見を黒板に書いてください。
- 🇹 Please come to the front and write your opinions on the blackboard.

13.
- 🇹 他のペアの意見の間違いを調べてください。
- 🇹 Please check for any mistakes in the other pairs' opinions.

14.
- 🇹 他のペアの意見の下にコメントを書いてください。
- 🇹 Please write your comments under the other pairs' opinions.

15.
- 🇹 そのストーリーについてアラン [ALT] に質問を書いてください。
- 🇹 Please write some questions for Alan [ALT] about the story.

16.
- 🇹 グループの意見を他のグループと交換してください。
- 🇹 Please exchange your group's opinion with other groups.

17.
- 🇹 質問に対する答えを書いてください。
- 🇹 Please write the answers to the questions.

18.
- メッセージを姉妹校の友達に送ってもらいたいと思います。
- I would like you to send some messages to your friends at our sister school.

19.
- 一生懸命にやってくれてありがとう。感心しました。来週までに原稿を完成させてください。次の授業でスピーチをしてもらいます。
- Thank you for your hard work. I am impressed. Please complete your drafts by next week. I would like you to give a speech next class.

生徒から先生へ

1.
- Ⓢ 最初は日本語で意見を書いてもいいですか？
- Ⓣ もちろんです。

- Ⓢ Can we write our opinions in Japanese first?
- Ⓣ Of course.

2.
- Ⓢ 例を示していただけますか？
- Ⓣ もちろんです。このプリントを参照してください。

- Ⓢ Could you show us an example?
- Ⓣ Sure. Please refer to this handout.

3.
- Ⓢ いくつ文を書かなければいけませんか？
- Ⓣ 少なくても〜文です。プリントの例に従ってください。

- Ⓢ How many sentences should we write?
- Ⓣ At least 〜 sentences. Please follow the examples in the handout.

4.
- Ⓢ 今日終えなければなりませんか？
- Ⓣ いいえ。今日はスピーチのだいたいの原稿を書いてくれればいいです。時間は5分です。

- Ⓢ Should we finish it today?
- Ⓣ No. You only have to make a rough draft of the speech today. I'll give you five minutes.

5.
- Ⓢ この単語はこの文で使えますか？
- Ⓣ はい、使うことができます。／いいえ、使うことができません。

- Ⓢ Can I use this word in this sentence?
- Ⓣ Yes, you can. / No, you can't.

6.
- Ⓢ この文の訳し方を教えてもらえますか？
- Ⓣ 黒板にいくつかその訳し方を書きますね。

- Ⓢ Can you teach me how to translate this sentence?
- Ⓣ I'll write some ways to translate it on the blackboard.

7.
- Ⓢ この文にはどの単語が合っていますか？
- Ⓣ ～を使ってください。

- Ⓢ **Which word is good in this sentence?**
- Ⓣ **Please use ～ .**

8.
- Ⓢ この日本語を英語に直す方法は他にありますか？
- Ⓣ はい、あります。／いいえ、ありません。

- Ⓢ **Is there another way to translate this Japanese into English?**
- Ⓣ **Yes, there is. / No, there isn't.**

9.
- Ⓢ この単語の前［後］には～が必要ですか？
- Ⓣ はい、必要です。／いいえ、不要です。

- Ⓢ **Is ～ necessary before [after] this word?**
- Ⓣ **Yes, it is. / No, it isn't.**

10.
- Ⓢ この文にふさわしい単語の見つけ方を教えてください。
- Ⓣ 和英辞典で調べてください。

- Ⓢ **Please teach me how to find a good word for this sentence.**
- Ⓣ **Please look it up in your Japanese-English dictionary.**

11.
- Ⓢ どうしたらこの文はもっとよくなりますか？
- Ⓣ ～を使うことですね。

- Ⓢ **How can I make this sentence better?**
- Ⓣ **By using ～ .**

12.
- Ⓢ この文は自然ですか？
- Ⓣ はい、自然です。／いいえ、不自然です。

- Ⓢ **Does this sentence sound natural?**
- Ⓣ **Yes, it does. / No, it doesn't.**

13.
- Ⓢ 私の英語を言い換えていただけますか？
- Ⓣ もちろんです。

- Ⓢ Could you rephrase my English?
- Ⓣ Sure.

14.
- Ⓢ どうやったら文の間違いを探せますか？
- Ⓣ 何度も読むことですね。

- Ⓢ How can we find mistakes in a sentence?
- Ⓣ By reading it many times.

15.
- Ⓢ 英語を書くのに一番大切なことは何ですか？
- Ⓣ それは〜することです。

- Ⓢ What is most important in writing English?
- Ⓣ It is to 〜 .

16.
- Ⓢ どうやったら文に適した語を決められますか？
- Ⓣ 辞書で調べることですね。

- Ⓢ How can we decide the right word for a sentence?
- Ⓣ By looking it up in your dictionary.

17.
- Ⓢ 英語を書くのに一番難しい文法は何ですか？
- Ⓣ 〜が一番難しいと思います。

- Ⓢ What is the most difficult grammar in writing English?
- Ⓣ I think 〜 are [is] the most difficult.

生徒と生徒

1.
- Ⓢ1 私の日本語を訳すのを手伝ってくれる？
- Ⓢ1 Can you help me translate my Japanese?
- Ⓢ2 もちろん。
- Ⓢ2 Sure.

2.
- Ⓢ1 これを英語で言うというとどうなるのかな？
- Ⓢ1 How can we say this in English?
- Ⓢ2 和英辞典で調べてみようよ。
- Ⓢ2 Let's look it up in a Japanese-English dictionary.

3.
- Ⓢ1 私の英語正しいかな？
- Ⓢ1 Is my English correct?
- Ⓢ2 うん、正しいよ。／ううん、正しくないよ。
- Ⓢ2 Yes, it is. / No, it isn't.

4.
- Ⓢ1 Aの原稿について話したいと思います。私は〜が間違えていると思います。XをYに変えた方がいいと思います。
- Ⓢ1 I want to talk about A's draft. I think 〜 isn't correct. I think it would be better to change X to Y.
- Ⓢ2 ありがとう、〜。いいアドバイスです。
- Ⓢ2 Thank you, 〜. That is good advice.

5.
- Ⓢ1 Bの文には〜が必要だと思います。
- Ⓢ1 I think B's sentence needs 〜.
- Ⓢ2 ありがとう、〜。それは大きな間違いでした。
- Ⓢ2 Thank you, 〜. That was a big mistake.

6.
- Ⓢ1 Cの文が理解できません。もっとはっきりさせてください。
- Ⓢ1 I can't understand C's sentence. Please make it clearer.
- Ⓢ2 ごめんなさい。間違えた〜を使ったと思います。
- Ⓢ2 I'm sorry about that. I think we used the wrong 〜.

7.
- Ⓢ①AとBではどっちの語の方がいいかな？
- Ⓢ①Which word is better, A or B?

- Ⓢ②Aの方がいいと思うよ。
- Ⓢ②I think A is better.

8.
- Ⓢ①黒板には誰が書く？
- Ⓢ①Who will write our opinions on the blackboard?

- Ⓢ②私が書くよ。
- Ⓢ②I will.

9.
- Ⓢ①この文の正しい語順はどうやって決めたらいいかな？
- Ⓢ①How can we decide the correct word order of this sentence?

- Ⓢ②英文法のハンドブックで調べようよ。
- Ⓢ②Let's use the English grammar handbook.

10.
- Ⓢ①この文をもっとよくすることはできるかな？
- Ⓢ①Is it possible to make this sentence better?

- Ⓢ②うん、できるよ。
- Ⓢ②Yes, it is.

11.
- Ⓢ①私の文にはどの句を使ったらいいかな？
- Ⓢ①Which phrase should I use for my sentence?

- Ⓢ②〜を使ったらどう？
- Ⓢ②How about using 〜 ?

12.
- Ⓢ①私の英語はどこが間違っているかな？
- Ⓢ①Which part of my English is incorrect?

- Ⓢ②最初の部分が間違っているよ。
- Ⓢ②The first part is incorrect.

13.
- Ⓢ①この文とあの文ではどちらの方がいいかな？
- Ⓢ①Which is better, this sentence or that sentence?

- Ⓢ②この文の方がいいと思うよ。
- Ⓢ②I think this sentence is better.

14.
- ⑤1 どうやって書く力を伸ばしたの？
- ⑤1 How did you improve your writing ability?

- ⑤2 毎日英語を書いたんだ。
- ⑤2 I wrote English every day.

15.
- ⑤1 その文に間違いはあった？
- ⑤1 Did you find mistakes in the sentences?

- ⑤2 うん、あったよ。／ううん、なかったよ。
- ⑤2 Yes, I did. / No, I didn't.

16.
- ⑤1 その文の間違いをどうやって直したらいいかな？
- ⑤1 How can we correct the wrong parts of the sentences?

- ⑤2 〜を直したらどう？
- ⑤2 How about changing them to 〜 ?

17.
- ⑤1 どうしたらそんなに文法的に正しい文が書けるの？
- ⑤1 How can you write such grammatically correct sentences?

- ⑤2 たくさん英語の本を読むことだね。
- ⑤2 By reading many English books.

18.
- ⑤1 何のトピックについて書きたいと思っているの？
- ⑤1 What topic do you want to write about?

- ⑤2 〜について書きたいと思ってるんだ。
- ⑤2 I want to write about 〜 .

UNIT 2
生徒中心のモデルレッスン
Model Lesson for Student-Centered Class

▶各モデルレッスンは、①導入 (Introduction)、②展開 (Plot)、③発展 (Development)、④まとめ (Conclusion) という構成になっています。発展 (Development) は日をあらためて実施することもできます。

基本的なモデルレッスン
Basic Model Lesson

▶基本的なモデルレッスンでは、以下の流れを目指しています。

① そのレッスンに関連した対話を聞き、概要を理解する。
② 重要語句をチェックする。
③ その内容について質疑応答する。

①Introduction (レッスンに関連した対話を聞き、概要を確認する)	**T** Today we'll study Lesson 5. Haruki, what's the title? **S** "Our Energy". **T** That's right. First of all, let's listen to the dialogue about our energy. Please listen carefully and fill in the blanks. (Listen to the dialogue.) **T** Did you understand it? Let's check the answers. Please read the sentences after filling in the blanks. (After checking the answers)
②Plot (本文の内容と語句の意味について確認する)	**T** Now, let's read the text on page 55. Let me ask you a question before we read it. What kind of energy can you think of? Please get into pairs to think about it. I'll give you five minutes. (After five minutes) **T** Please raise your hand if you can name an energy source. (Some students raise their hands.)

T Naoto, please go ahead.

S A nuclear power station.

T Very good! How about Kotone?

S Suiryoku hatsuden.

T Good. How do you say it in English? How about Ryo?

S A hydro power station.

T Great! Hiroya, anything else?

S How do you say "karyoku hatsuden" in English?

T We say "thermal power station". Now, let's listen to the CD.

(After listening to the CD)

T Let's check the meanings of the words and phrases. Any questions?

(Emi raises her hand.)

T Emi, please go ahead.

S What does "electricity" mean?

T Good question! Does anyone know the meaning? How about Miku?

S It means "denki".

T That's right! Anything else? What about "environment"?

(Saki raises her hand.)

T Saki, please go ahead.

S It means "kankyou".

T Good!

(After some interactions)

	🔲 Now, let's read the text together. Please repeat after me.
	(After reading the text)
	🔲 Next, let's practice reading in a clear and loud voice. After listening to the CD one more time, please practice in pairs. After that, I'd like you to present it in class.
	(After some pairs read the text)
③Development （本文の内容 についての質 問に英語で答 える）	🔲 Very good! Next, let me ask you some questions about the first page. Please think about them in pairs. You can answer them using the sentences in the text. I'll give you five minutes.
	Question 1: What's the problem with using a lot of fossil fuels?
	Question 2: What are some good points in using new types of energies?
	Please start.
	(After five minutes)
	🔲 Any volunteers?
	(Sanae raises her hand.)
	🔲 Thank you, Sanae. What's wrong with using a lot of fossil fuels?
	Ⓢ They have caused global warming.
	🔲 Great! What about Question 2? How about Eri?
	Ⓢ The new types of energies are much more environmentally friendly to the earth than fossil fuels.
	🔲 Perfect!
④Conclusion （本文の訳を 確認し、次回 までの宿題を 言う）	🔲 Thank you everyone. Finally, please fill in the blanks to complete the Japanese translation on this page. I'll give you five minutes.
	(After five minutes)

	T Let's check the meanings of the sentences in the text!	
	(After checking the meanings of the sentences in the text)	
	T That's all for today. You did a great job. Today's homework is to check the meanings of the words on the next page. In addition, please make three comprehension questions in groups for the next class.	
①導入	**T** 今日はレッスン５を勉強します。ハルキ、題は何ですか？	
	S「私たちのエネルギー」です。	
	T そのとおりです。まず、私たちのエネルギーについての対話を聞いてみましょう。よく聞いて空所を埋めてください。	
	（対話を聞く）	
	T わかりましたか？　では答えをチェックしましょう。空所を埋めて文を読んでください。	
	（答えをチェックした後）	
②展開	**T** では、55ページを読んでみましょう。読む前に質問があります。みんなはどんなエネルギーを想像できますか？　ペアになって考えてください。時間は５分です。	
	（５分後）	
	T エネルギー源をあげられる人は手を挙げてください。	
	（何人かの生徒が手を挙げる）	
	T ナオト、どうぞ。	
	S 原子力発電です。	
	T とてもいいですね。コトネはどうですか？	
	S 水力発電です。	
	T いいですね。英語ではどのように言いますか？　リョウはどうですか？	
	S hydro power stationです。	
	T すばらしい！　ヒロヤ、何か他にありますか？	

		Ⓢ「火力発電」は英語ではどう言いますか？
		🅣「thermal power station」と言います。それでは、CDを聞きましょう。
		（CDを聞いた後）
		🅣 語句の意味を確認しましょう。何か質問はありますか？
		（エミが手を挙げる）
		🅣 エミ、どうぞ。
		Ⓢ「electricity」の意味は何ですか？
		🅣 いい質問です！　誰かその意味を知っていますか？　ミクはどうですか？
		Ⓢ「電気」という意味です。
		🅣 そのとおりです！　他に何かありますか？　「environment」はどうですか？
		（サキが手を挙げる）
		🅣 サキ、どうぞ。
		Ⓢ「環境」という意味です。
		🅣 いいですね！
		（いくつかのやりとりの後）
		🅣 それでは、本文を一緒に読みましょう。私の後についてきてください。
		（本文を読んだ後）
		🅣 次に、はっきりと大きな声で読む練習をしましょう。もう一度CDを聞いた後、ペアで練習をしてください。その後、クラスで発表してもらいます。
		（何組かのペアが教科書を読んだ後）
	③発展	🅣 とてもよかったです！　次に、最初のページについていくつか質問します。それらをペアで考えてください。本文の文章を使えば答えられます。時間は5分です。

	質問1：たくさんの化石燃料を使うことの問題は何ですか？
質問2：新しいタイプのエネルギーを使ういい点は何ですか？
🅣 始めてください。
（5分後）
🅣 誰かやってくれる人はいませんか？
（サナエが手を挙げる）
🅣 ありがとう、サナエ。たくさんの化石燃料を使うことの問題は何ですか？
🅢 地球温暖化を起こしています。
🅣 すばらしい！　質問2はどうですか？　エリはどうですか？
🅢 新エネルギーは化石燃料よりも地球にやさしいです。
🅣 完璧です！
④まとめ	🅣 みんなありがとう！　最後に、空所を埋めてこのページの日本語訳を完成させてください。時間は5分です。
（5分後）
🅣 本文の意味をチェックしましょう！
（本文の意味をチェックした後）
🅣 今日はこれでおしまいです。みんなとてもよくやってくれました。今日の宿題は次のページの単語の意味を調べてくることです。加えて、次の授業のためにグループで内容理解の質問を3つ作ってください。

標準的なモデルレッスン
Standard Model Lesson

▶標準的なモデルレッスンでは、以下の流れを目指しています。

① 本文の内容を英語で要約し、それを発表する。
② 意見を出し合う。
③ 最後に重要文法を使って、レッスンに関係したことを英語で述べてみる。

①Introduction (ペアで英語の要約を完成させて発表する)	**T** **I'd like you to reproduce the story in Lesson 5 today. Please fill in the blanks to complete the following summary.** (After five minutes) **T** **Now, please check the words with your partner. I'll give you five minutes.** (After five minutes) **T** **Please present your summary in pairs. Please raise your hand when you're ready.** (After some presentations)
②Plot (ペアで本文の内容について意見を述べる)	**T** **Next, work in pairs. Please ask your partner for his/her opinion about the two questions.** Question 1: What's your idea for making new sources of electricity? Question 2: How can we save energy? **Please use the following expressions to answer the questions.** No.1: I think we can use ～ . No.2: I think we should ～ . No.3: I think it's a good idea if ～ . **I'll give you ten minutes.** (Satou and Ema ask each other the questions.)

(S1) What's your idea for making new sources of electricity?

(S2) I think we can use volcanic energy. How about Satoru?

(S1) I think we can use snow in the Alps.

(S2) Interesting idea! How can we save energy?

(S1) I think we should change our lifestyle. How about Ema?

(S2) I think we should use natural energy more often.

(After ten minutes)

T **Now, present your own idea for making new sources of electricity. Any volunteers?**

(Some students raise their hands.)

T **Keisuke, please go ahead.**

(S) I think we can use sea water.

T **That's interesting! How about Norika?**

(S) I think we can use high or low temperature.

T **That's also a very unique idea, isn't it? What about Question 2? Tomoya, what's your opinion?**

(S) I think we should share electricity with others.

T **Wonderful! Miyu, what do you think?**

(S) I think we should make our lives simpler.

T **Great! Masashi, how about you?**

(S) I think it would be a good idea if it makes lowering the cost possible.

T **Very good!**

---

③Development
(グループで内容について話し合い、発表する)

T **This time, get into groups of four and talk about energy. Please follow the format in the handout. I'll give you ten minutes.**

87

(After ten minutes)

T OK. Please present the results of your discussion. Any volunteers?

(Group C raises their hands.)

T Group C, please go ahead.

(Group C presents their discussion.)

Ⓢ① Does anyone have a good idea for making new energy?

Ⓢ② I have an idea.

Ⓢ③ What's your idea?

Ⓢ② I think we can use ice at the North and South Pole.

Ⓢ③ Interesting idea! How about you, Kana?

Ⓢ④ I think we can use garbage.

Ⓢ③ Wonderful!

(After some presentations)

④Conclusion
（文法のポイントを確認し、練習問題を解く）

T Thank you for your participation. Finally, I'd like to go over the grammatical points of this lesson. What's one grammatical point we studied? How about Kiyoshi?

Ⓢ Jyodoushi.

T That's right! We say "auxiliary verbs" in English. Let's go over it in the following exercises. Please write the answers on your answer sheet. I'll give you five minutes.

(After five minutes)

T Let's check the answers. Please switch answer sheets with your partner.

(After checking the answers)

	🆃 That's all for today. We'll have a debate next class. I would like each group to prepare for it by using the handout for debate. See you next class!
①導入	🆃 今日はレッスン 5 の話を再生してもらいたいと思います。要約を完成させるために空所を埋めてください。
	（5分後）
	🆃 それでは、パートナーと単語をチェックしてください。時間は 5 分です。
	（5分後）
	🆃 ペアで要約を発表してください。できたら手を挙げてください。
	（いくつかの発表の後）
②展開	🆃 次は、ペアワークをしましょう。パートナーに、次の 2 つの質問に対する意見を聞いてください。
	質問1：新しい電力源を作るためのあなたの考えはどんなものですか？
	質問2：どのようにして電力源を節約しますか？
	次の表現を使って答えてください。
	1番：われわれは〜を使うことができると思う。
	2番：われわれは〜すべきだと思う。
	3番：もし〜ならよいアイデアだと思う。
	時間は10分です。
	（サトルとエマが互いに質問をする）
	Ⓢ1 新しい電力源を作るのにどんな考えがある？
	Ⓢ2 私は火山のエネルギーを使えると思うわ。サトルは？
	Ⓢ1 ぼくはアルプス山脈の雪を使えると思うな。
	Ⓢ2 おもしろい考え！ どうやったらエネルギーを節約できるかしら？
	Ⓢ1 生活様式を変えるべきだと思うよ。エマは？

CHAPTER 1　「コミュニケーション英語Ⅰ」のための教室英語とモデルレッスン

	⑤2 自然エネルギーをもっと使うべきだと思うわ。
	（10分後）
	T さあ、新しい電力源を作るための考えを発表してください。誰かやってくれませんか？
	（何人かの生徒が手を挙げる）
	T ケイスケ、どうぞ。
	S ぼくは海の水を使えると思います。
	T それはおもしろいね！　ノリカは？
	S 高温や低温を使えると思います。
	T それもとてもユニークな考えだね。質問2はどうかな？　トモヤ、君の意見は？
	S 電気を他の人たちと共有すべきだと思います。
	T すばらしい！　ミユ、どう思う？
	S 私は生活をもっとシンプルにすべきだと思います。
	T すばらしい！　マサシ、君はどう？
	S 価格を安くできればいい考えだと思います。
	T とてもいいですね！
③発展	T 今度は、4人のグループになってエネルギーについて話してください。プリントのフォーマットにならってください。時間は10分です。
	（10分後）
	T では、話し合いの結果を発表してください。誰かやってくれませんか？
	（グループCが手を挙げる）
	T グループC、どうぞお願いします。
	（グループCが話し合いの結果を発表する）
	⑤1 誰か新しいエネルギーを作るのにいい考えはない？

		⑤2 私に考えがあるわ。
		⑤3 どんな考え？
		⑤2 北極と南極の氷を使えると思うの。
		⑤3 おもしろい考え！　カナはどう？
		⑤4 私はゴミを使えると思うわ。
		⑤3 すばらしいね！
		（いくつかの発表の後）
	④まとめ	🇹 参加してくれてありがとう。最後に、このレッスンの文法のポイントを見直してもらいます。勉強した文法のポイントの1つは何だろうね？　キヨシはどう？
		⑤ 助動詞です。
		🇹 そのとおり！　英語では「auxiliary verbs」って言うんだよ。次の練習問題で確認してみよう。解答用紙に答えを書いてください。時間は5分です。
		（5分後）
		🇹 解答をチェックしましょう。解答用紙をパートナーと交換してください。
		（答えをチェックした後）
		🇹 今日はこれでおしまいです。次の授業ではディベートを行います。ディベート用のプリントを使ってグループで準備をしておいてください。次の授業で会いましょう！

発展的なモデルレッスン
Advanced Model Lesson

▶発展的なモデルレッスンは、教科書の内容を用いたやさしいディベートです。

① グループでディベートの準備をする。
② グループ同士でディベートを行い、他の生徒たちが評価する。
③ ディベートの講評を言う。

いくつかのレッスンが終わった後、学期に一、二度コミュニカティブ活動のひとつとして行うことができます。このような活動を成功させるためには、学年の初めにこの活動の意義と内容を生徒に伝え、普段の授業をその活動に結びつけることが大切です。

| ①Introduction
(グループでディベートの準備を行う。自分たちの主張をまず話し合うことで、自主的にディベートに参加するようにする) | **T** Today I'd like you to have a debate. I hope you have prepared for today's debate, but let's go over it one more time. The proposition is "Nuclear energy is not necessary for our lives". Please get into groups and talk about the following things. I'll give you ten minutes.

No.1: Get into groups and talk about the proposition.

No.2: Point out some advantages of your group.

No.3: Collect some information, data, and statements.

No.4: Make up your statement.

No.5: Prepare to rebut the arguments of the opposing group.

　Any questions?

(Hiromi raises her hand.)

T Hiromi, please go ahead.

S Can we use Japanese?

T Yes, but try to use English as much as possible.

(Students start to discuss them.) |

②Plot (グループごとにディベートを行う。他の生徒たちは、評価用紙に自らの評価を記入する)	**T** Time is up. Let's start the debate! The first debate is between Group B and Group G. Are you ready? Please don't forget to complete your evaluation sheet while the groups are debating. Group B, please start your affirmative constructive speech.
	⟨GroupB⟩ We're for the proposition because we depend too much on nuclear energy.
	T Thank you, Group B. Group G, please start your negative constructive speech.
	⟨GroupG⟩ We're against the proposition because the costs of new energy are too expensive.
	T OK. This time, please start your cross-examination. Group B, please go ahead.
	⟨GroupB⟩ According to data, the number of countries opposed to the use of nuclear energy is increasing.
	T Thank you, Group B. Group G, please go ahead.
	⟨GroupG⟩ Many scholars say that nuclear energy is the most environmentally friendly energy.
	T OK. Let's give both groups a hand. Next, please state your rebuttal speech. Group B, please start.
	⟨GroupB⟩ Group G said that the costs of new energies are too expensive, but safety is the most important thing.
	T I see. Group G, your turn.
	⟨GroupG⟩ Group B said that we depend too much on nuclear energy, but our economy cannot survive without it.
	T I understand. Finally, please make a summary speech. Group B, please go first.
	⟨GroupB⟩ We're for the proposition because nuclear energy is too dangerous for our lives.
	T I see. Group G, please go ahead.

		(GroupG) We're against the proposition because we can't change our lifestyles easily.
		T Thank you Group B and Group G. Please don't forget to finish writing your evaluation sheet.
		(After some debates)
③Conclusion (ディベートの講評と、次回の予定を言う)		**T Thank you for your great debates. I'm very impressed with your debates. That's all for today. The rest of the groups will have a debate next class. After that, we will decide which group is the winner. See you next class.**
①導入		**T** 今日はディベートをしてもらいます。今日のディベートの準備をしてきてくれたと思います。ですがもう一度見直してみましょう。主張は「原子力エネルギーは私たちの生活に必要ではない」です。グループになって次のことを話し合ってください。時間は10分です。
		1番：グループになってその主張について話し合う。
		2番：自分のグループの有利な点に注目する。
		3番：資料やデータや意見を集める。
		4番：主張を組み立てる。
		5番：反対側のグループの議論に反論するために用意する。
		何か質問はありますか？
		(ヒロミが手を挙げる)
		T ヒロミ、どうぞ。
		S 日本語は使えますか？
		T いいですよ、でもできるだけ英語を使うようにしてください。
		(生徒たちは話し合いを始める)
②展開		**T** 時間です。ディベートを始めましょう！　最初のディベートはグループBとGです。準備はいいですか？　ディベートをしている間、忘れずに評価用紙を完成させてください。グループB、肯定側のスピーチを始めてください。

GroupB 私たちはその主張に賛成です。なぜならばあまりにも原子力エネルギーに依存しているからです。

T グループB、ありがとう。グループG、否定側のスピーチを始めてください。

GroupG 私たちはその主張に反対です。なぜなら新エネルギーの価格は高すぎるからです。

T わかりました。今度は、反証を始めてください。グループB、どうぞお願いします。

GroupB データによると、原子力エネルギーを使うことに反対している国の数は増えています。

T グループB、ありがとう。グループG、どうぞ。

GroupG 原子力エネルギーは環境に一番やさしいと言う学者が多くいます。

T わかりました。2つのグループに拍手をしましょう。次は、反論のスピーチをしてください。グループB、始めてください。

GroupB グループGは新エネルギーの価格は高すぎると言いましたが、安全性はもっとも重要なことです。

T そうですね。グループGの番です。

GroupG グループBは、私たちはあまりにも原子力エネルギーに依存していると言いましたが、それがなければ私たちの経済は生き残れません。

T わかりました。最後に、まとめのスピーチをしてください。グループB、最初にお願いします。

GroupB 私たちはその主張に賛成です。なぜなら原子力エネルギーは私たちの生活にあまりにも危険だからです。

T なるほど。グループG、お願いします。

GroupG 私たちはその主張に反対です。なぜなら簡単には私たちの生活様式を変えることはできないからです。

T グループBとグループGありがとうございました。忘れずに評価用紙を書き終えてください。

	(いくつかのディベートの後)
③**まとめ**	**T** すばらしいディベートをありがとう。みんなのディベートにとても感動しました。今日はこれでおしまいです。残りのグループは次の授業でディベートをします。その後、どのグループが勝者かを決めたいと思います。次の授業で会いましょう。

COLUMN 英語による授業での文法指導　　　　金子 朝子

　学習指導要領には、基本的に授業は英語で行うことが盛り込まれています。できるだけ英語によるコミュニケーションの機会を増やすためです。日本語を一切使用してはいけないということではないので、学習者の英語の習熟度や学習する内容など、様々な条件を判断して、日本語を使用することが必要な場合もあるかもしれません。

　それならば、文法はすべて日本語で教えるほうが、生徒にはわかりやすいと考える方もいらっしゃるでしょう。しかし、その考え方には落とし穴があります。どのような文法指導を想定しての話でしょうか。①新出文法を教えるために、文脈なしにある短い例文を生徒に示し、②その文のルールを明示的に説明し、③練習問題をいくつか与える、という手順を考えていませんか。M. Long（1991）は、このように文脈なしにある文を提示して正しいルールを説明し文法を理解させようとする指導を、フォーカス・オン・フォームズ（Focus on Forms: FonFs）と名付け、彼の提唱する、コミュニケーションを通してすでに意味を理解している表現の文法的なルールに気付かせるフォーカス・オン・フォーム（Focus on Form: FonF）による指導と区別しました。

　歴史的にはまず、伝統的なFonFsに対抗して、コミュニケーションを通して意味を伝達することに焦点を当てたフォーカス・オン・ミーニング（Focus on Meaning）による指導が実践されましたが、これは一部、期待通りの成果を挙げなかったところがありました。例えば、フォーカス・オン・ミーニングを実践したカナダのイマージョン（immersion）教育では、共通の母語を持った学習者間では誤ったままの文の形式でも理解ができることから、いくつかの文法事項が習得されないまま残ってしまったのです。

　例えば本書p.52の2.にあるWhat do you think the story is about?を、誤ってWhat do you think is the story about?と発話する生徒がいて、他の生徒も同じ誤りを繰り返しているとします。こんな場合こそ、FonFを行う良いチャンスです。生徒が初めてこのルールに触れるのならば、ここで埋め込み文のある疑問文の語順に注意をさせ、たくさんのインプットを与え、アウトプットも引き出しましょう。授業の後で、日本語の説明プリントを配布することもできます。また、すでに学んだルールであれば、教師がWhat do you think the ...?と途中まで発話してその続きを生徒から引き出すelicitationや、Oh, you mean what I think the story is about?のように、recastと呼ばれるコミュニケーションの流れを邪魔しない修正フィードバックのテクニックを使うなどして、正確な意味を伝えるための文法ルールを確認しておきたいものです。

Long, M. 1991. Focus on form: a design feature in language teaching methodology. In de Bot et al. *Foreign Language Research in Cross-cultural Perspectives.* Amsterdam: John Benjamins.

第2章 「コミュニケーション英語Ⅱ・Ⅲ」のための教室英語とモデルレッスン

Classroom English and Model Lesson for "Communication English Ⅱ and Ⅲ"

「コミュニケーション英語Ⅱ・Ⅲ」の目標と内容
Goals and Contents for "Communication English Ⅱ and Ⅲ"

▶ 「コミュニケーション英語Ⅱ」は、原則として「コミュニケーション英語Ⅰ」を履修した後、希望する生徒の能力・適性などに応じて選択履修させる科目として設定されました。積極的にコミュニケーション能力を伸ばす指導が必要とされる科目で、特に「速読や精読など目的に応じた読み方をすること」や「聞いたり読んだりしたことに基づき話し合って結論をまとめ、それをもとにまとまりのある文章を書く」という、統合的な言語活動を行うことが期待されています。

「コミュニケーション英語Ⅲ」は、「コミュニケーション英語Ⅱ」の後に選択履修させる科目です。積極的にコミュニケーションを図ろうとする態度を育成するとともに、生徒のコミュニケーション能力をさらに伸ばし、社会生活において活用できるよう指導を行うことを目指しています。

目標

> 英語を通じて、積極的にコミュニケーションを図ろうとする態度を育成するとともに、情報や考えなどを的確に理解したり適切に伝えたりする能力を伸ばす。

「コミュニケーション英語Ⅱ」の目標は、次の二つの要素から成り立っています。

①英語を通じて、積極的にコミュニケーションを図ろうとする態度を育成すること。
②英語を通じて、情報や考えなどを的確に理解したり適切に伝えたりする能力を伸ばすこと。

①は、「外国語の目標」に準じています。②は、「コミュニケーション英語Ⅰ」で養った基礎的な能力を伸ばすことを意味しています。

内容

> 1）事物に関する紹介や報告、対話や討論などを聞いて、情報や考えなどを理解したり、概要や要点をとらえたりする。

「聞く」を中心とした活動です。聞く対象となる題材には、「コミュニケーション英語Ⅰ」で挙げられたものに加えて「報告」と「討論」があります。

「報告」は専門的な話題に関するものが増えるため、考えたり判断したりする力が必要に

なります。「討論」は、専門的な話題となるだけでなく、参加者が増えるためさまざまな異なる意見が出されることが多くなります。事実をつかみ、意見の説得力や背景までをも総合的にとらえることが必要です。

> 2）説明、評論、物語、随筆などについて、速読したり精読したりするなど目的に応じた読み方をする。また、聞き手に伝わるように音読や暗唱を行う。

　読んで理解したことを「音読」へとつなげる活動です。読む題材には、「コミュニケーション英語Ⅰ」で挙げられたものに加えて「評論」と「随筆」があります。
　「評論」や「随筆」の概要や要旨をとらえるには、事実や書き手の意見を正しく理解するだけではなく、それらを踏まえて自らがどう考えるかということまで含めて、総合的にとらえる力を養成することが必要になります。
　また、読み方としては「速読」「精読」という、目的に応じた読み方をするよう指導することとなっています。発表の面では、「音読」に加えて「暗唱」も挙げられています。

> 3）聞いたり読んだりしたこと、学んだことや経験したことに基づき、情報や考えなどについて、まとまりのある文章を話す。

　さまざまな方法で得た情報を「話す」ことにつなげる活動です。「コミュニケーション英語Ⅰ」に加えて「結論をまとめる」活動が挙げられています。さまざまな考え方が予想される話題について、ペアやグループで話し合って結論を導き、合意できることやできないことについて共通認識を得ることなどを含んでいます。

> 4）聞いたり読んだりしたことを、学んだことや経験したことに基づき、情報や考えなどについて、まとまりのある文章を書く。

　さまざまな方法で得た情報を「書く」ことにつなげる活動です。「コミュニケーション英語Ⅰ」の「簡潔に書く」から、「まとまりのある文章を書く」へと発展しています。
　「まとまりのある文章」とは、複数の段落からなる文章などを指しています。指導する際には、論理の一貫性や書く目的などを重視する必要があります。

UNIT 1
生徒中心の授業のための教室英語
Classroom English for Student-Centered Class

▶ 生徒中心のさまざまな活動を通して、「コミュニケーションⅠ」で養った4つの技能をさらに伸ばすための発展的な教室英語を、「聞く・読む・話す・書く」という4つの活動ごとに紹介します。

「生徒中心の授業の実現」を最大の目標とするため、生徒たちが先生に対してだけでなく、仲間に対してもできるだけ英語を使ってコミュニケーションを図ることが重要です。ここで紹介する教室英語を繰り返し使うことで、英語による質問に答えられるようになるだけでなく、ディスカッションやディベートを通して自分の考えや気持ちが言えるようになるはずです。

1)「事物の紹介や対話などを聞いて、情報や考えなどの概要や要点をとらえる」ための教室英語 （CD 23~25）

先生から生徒へ （CD 23）

1.
- T 今日はこの報告［対話／話し合い］を聞いてもらいます。
- T Today I'd like you to listen to this report [dialogue/discussion].

2.
- T 報告の概要を理解するようにしてください。
- T Try to understand the outline of the report.

3.
- T 何に興味を持ちましたか？ 〜はどうですか？
- T What are you interested in? How about 〜?

- S 〜に興味を持ちました。
- S I'm interested in 〜.

4.
- T いいですね！ では、ペアになってその概要について話し合ってください。
- T Good! Now, please get into pairs and talk about the outline.

5.
- 🇹 報告の要点をつかむようにしてください。
- 🇹 Try to grasp the main points of the report.

6.
- 🇹 終わりましたか？ どんなことがわかったか話してください。～はどうですか？
- 🇹 Are you finished? Please tell us what you understood. How about ~?

- Ⓢ 要点は～だと思います。
- Ⓢ I think the main point is ~ .

7.
- 🇹 たいへんよくできました！ 次に、理解したことを書いてください。
- 🇹 Very good! Next, please write down what you understood.

8.
- 🇹 ではグループになってそれについて一緒に話し合ってください。
- 🇹 Now get into groups and discuss it together.

9.
- 🇹 あなたの意見を他の生徒たちに話してもらいたいと思います。
- 🇹 I would like you to share your opinions with other students.

10.
- 🇹 最後に、話し合ったことを発表してください。
- 🇹 Finally, please present what you discussed.

| 生徒から先生へ |

1.
- Ⓢ 何についての報告［対話／話し合い］ですか？
- Ⓣ ～についてです。

- Ⓢ What is the report [dialogue/discussion] about?
- Ⓣ It is about ~ .

2.
- Ⓢ どのくらい聞いているのですか？
- Ⓣ 約5分です。

- Ⓢ How long should we listen to it?
- Ⓣ About five minutes.

3.
- Ⓢ 何回聞くことができますか？
- Ⓣ 2回聞けます。

- Ⓢ How many times can we listen to it?
- Ⓣ You can listen to it twice.

4.
- Ⓢ 報告の要旨を理解するのに何をしたらいいですか？
- Ⓣ 聞きながらメモをとることです。

- Ⓢ What should we do to understand the outline of the report?
- Ⓣ Take notes while listening.

5.
- Ⓢ 要旨について日本語で話してもいいですか？
- Ⓣ いいですが、できるだけ英語を使うようにしてください。

- Ⓢ Can we talk about the outline in Japanese?
- Ⓣ Yes, but try to use English as much as possible.

6.
- Ⓢ どうやったらそれを英語で発表できますか？
- Ⓣ 要旨を英語で声を出して読んでみることです。

- Ⓢ How can we present it in English?
- Ⓣ By reading the outline aloud in English.

7.
- Ⓢ 英語で要旨を書くのですか？
- Ⓣ はい、そうしてください。

- Ⓢ Should we write the outline in English?
- Ⓣ Yes, please.

8.
- Ⓢ グループでどんなことを発表すべきですか？
- Ⓣ 話し合ったことを発表してください。

- Ⓢ What should we present in groups?
- Ⓣ Please present what you discussed.

9.
- Ⓢ どうやったら英語で話し合えますか？
- Ⓣ ポイントを1つずつ英語で言うことによってです。

- Ⓢ How can we discuss them in English?
- Ⓣ By presenting the points one by one in English.

10.
- Ⓢ どのようにして発表すべきですか？
- Ⓣ グループでのポイントを要約してください。

- Ⓢ How should we present them?
- Ⓣ Please summarize the points as a group.

生徒と生徒

1.
- Ⓢ1 報告を理解できた？
- Ⓢ2 うん、できたよ。／ううん、できなかったよ。

- Ⓢ1 Did you understand the report?
- Ⓢ2 Yes, I did. / No, I didn't.

2.
- Ⓢ1 何についての報告？
- Ⓢ2 〜についてだよ。

- Ⓢ1 What is the report about?
- Ⓢ2 It's about 〜 .

3.
- Ⓢ1 それについてどう思う？
- Ⓢ2 おもしろいと思うよ。

- Ⓢ1 What do you think about it?
- Ⓢ2 I think it is interesting.

4.
- Ⓢ2 あなたはどう？
- Ⓢ1 私もそう思うよ。

- Ⓢ2 How about you?
- Ⓢ1 I think so, too.

5.
- Ⓢ1 要点はどうかな？
- Ⓢ2 要点は〜ということだね。

- Ⓢ1 How about the main point?
- Ⓢ2 The main point is 〜 .

6.
- Ⓢ2 あなたはどう思う？
- Ⓢ1 君に賛成［反対］だよ。

- Ⓢ2 What do you think?
- Ⓢ1 I agree [don't agree] with you.

7.
- Ⓢ2 それらを書いてみたらどうかな？
- Ⓢ1 すばらしい考えだね！

- Ⓢ2 How about writing them down?
- Ⓢ1 Excellent idea!

8.
Ⓢ①グループで何を話し合いたい？　　　　Ⓢ①What do you want to discuss in this group?

Ⓢ②報告の要点を話し合いたいな。　　　　Ⓢ②We want to discuss the main points of the report.

9
Ⓢ①報告の要点は何かな？　　　　　　　　Ⓢ①What are the main points of the report?

Ⓢ②要点の１つは〜だと思うな。あなたは　Ⓢ②I think one of the points is 〜. How
　どう？　　　　　　　　　　　　　　　　about you?

Ⓢ①もう１つの要点は〜だと思うな。　　　Ⓢ①I think another point is 〜.

10.
Ⓢ②２つの点を発表したらどうかな？　　　Ⓢ②How about presenting the two points?

Ⓢ①いいね！　　　　　　　　　　　　　　Ⓢ①Sounds good!

2)「(説明、評論、物語、随筆などを) 速読や精読など目的に応じた読み方をする」「聞き手に伝わるように音読や暗唱を行う」ための教室英語

CD 26~28

先生から生徒へ　　　　　　　　　　　　　　　　　　　　　　　　CD 26

1.

T 今日の授業の目標は速［精］読を練習することです。速［精］読とは何かわかりますか？ 〜はどうですか？

T The purpose of today's lesson is to practice rapid [intensive] reading. Do you know what rapid [intensive] reading is? How about 〜?

S いいえ、わかりません。説明してください。

S No, I don't. Please explain it.

T では、説明しますね。

T OK, let me explain it.

2.

T さあ、ペアになってこのストーリー［エッセイ／ドキュメント］を読む練習をしてください。

T Now, please get into pairs to practice reading this story [essay/document].

3.

T それを順番に読みましょう。

T Let's take turns reading it.

4.

T 次に、ペアになってストーリーについて話し合ってください。

T Next, let's get into pairs and talk about the story.

5.

T わかったことを書いてください。

T Please write down what you understood.

6.

T ストーリーを理解しましたか？ 何がわかりましたか？ 〜はどうですか？

T Did you understand the story? What did you understand? How about 〜?

S 〜がわかりました。

S I understood 〜.

7.

| 🇹 すばらしい！ ではストーリーをもっと詳しく読んでいきましょう。 | 🇹 Excellent! Let's now read the story in more detail. |

8.

| 🇹 今度はもっと詳しくストーリーを理解するようにしましょう。 | 🇹 Try to understand the story in greater detail this time. |

9.

| 🇹 グループになって、英語で書かれた質問について考えてください。 | 🇹 Please get into groups and think about the questions written in English. |

10.

| 🇹 質問１についてどう思いますか？ グループ〜はどうですか？ | 🇹 **What do you think about question 1? How about Group 〜 ?** |
| Ⓢ 私たちは〜だと思います。 | Ⓢ We think that 〜 . |

11.

| 🇹 すばらしい！ 最後にストーリーを暗唱しましょう。 | 🇹 Great! Finally, let's recite the story. |

12.

| 🇹 このストーリーの語調を理解するようにしてください。 | 🇹 Please try to understand the tone of this story. |

生徒から先生へ

1.
- Ⓢ 速読と精読がどのようなものなのかをもう一度説明していただけますか？
- Ⓣ もちろんです。

- Ⓢ Could you explain what rapid and intensive reading is one more time?
- Ⓣ Sure.

2.
- Ⓢ これはどんな種類のストーリーですか？
- Ⓣ エッセイですよ。

- Ⓢ What kind of story is this?
- Ⓣ It is an essay.

3.
- Ⓢ エッセイを読む理由は何ですか？
- Ⓣ 作者がそれについてどのように感じているかを理解するためです。

- Ⓢ What is the reason for reading the essay?
- Ⓣ To understand how the writer feels about it.

4.
- Ⓢ 速読では何に集中するべきですか？
- Ⓣ 要旨を理解してください。

- Ⓢ What should we concentrate on in rapid reading?
- Ⓣ Understand the outline.

5.
- Ⓢ 何回読めますか？
- Ⓣ 2回読んでいいです。

- Ⓢ How many times can we read it?
- Ⓣ You can read it twice.

6.
- Ⓢ どのくらいの時間読めますか？
- Ⓣ ちょうど5分です。

- Ⓢ How long can we read it?
- Ⓣ Just five minutes.

7.
- Ⓢ 精読とは何ですか？
- Ⓣ ストーリーのより深い意味を理解する読み方です。

- Ⓢ What is intensive reading?
- Ⓣ It is a way of reading to understand the deeper meaning of the story.

8.

- Ⓢ 精読するためにどのくらいの時間読めますか？
- Ⓣ 10分使ってください。

- Ⓢ How long can we read it for the purpose of intensive reading?
- Ⓣ You can take ten minutes.

9.

- Ⓢ グループで何を話し合うのですか？
- Ⓣ 英語で書かれた５つの質問について話し合ってください。

- Ⓢ What will we talk about in groups?
- Ⓣ Please talk about the five questions written in English.

10.

- Ⓢ 英語で答えるのですか？
- Ⓣ はい、英語で答えるようにしてください。

- Ⓢ Should we answer them in English?
- Ⓣ Yes, try to answer them in English.

生徒と生徒	
1.	
ⓢ①今までに速［精］読について聞いたことある？	ⓢ①Have you ever heard of rapid [intensive] reading before?
ⓢ②ううん、ないよ。／うん、あるよ。	ⓢ②No, I haven't. / Yes, I have.
2.	
ⓢ①それわかる？	ⓢ①Do you understand it?
ⓢ②少し。	ⓢ②Somewhat.
3.	
ⓢ①このエッセイを読む練習をしない？	ⓢ①Shall we practice reading this essay?
ⓢ②うん、やろう。	ⓢ②Yes, let's do it.
4.	
ⓢ①このエッセイをどう思う？	ⓢ①How do you feel about this essay?
ⓢ②感動的だと思うよ。あなたは？	ⓢ②I think it is a moving story. How about you?
ⓢ①私も。	ⓢ①Me, too.
5.	
ⓢ①その質問をどう思う？	ⓢ①What do you think about the questions?
ⓢ②難しいと思うな。あなたは？	ⓢ②I think they are difficult. How about you?
ⓢ①私も同じだよ。	ⓢ①I feel the same way.
6.	
ⓢ①１つずつそれに答えるのはどうかな？	ⓢ①How about answering them one by one?
ⓢ②いい考えだね。	ⓢ②That sounds like a good idea.

7.
Ⓢ1 1番はどう？　　　　　　　　　Ⓢ1 How about No.1?

Ⓢ2 〜と思うよ。あなたはどう思う？　Ⓢ2 I think 〜 . How do you feel about it?

Ⓢ1 賛成［反対］だよ。　　　　　　Ⓢ1 I agree [don't agree].

3）「聞いたり読んだりして得た情報や考えなどについて話し合い、結論をまとめる」ための教室英語　CD 29~31

先生から生徒へ　CD 29

1.
- T 今日読んだことについて話し合ってもらいたいと思います。
- T I'd like you to discuss what we read today.

2.
- T 英語でどうやって話し合うかわかりますか？　〜はどうですか？
- T Do you know how to discuss it in English? How about 〜 ?

- S いいえ、わかりません。説明してください。
- S No, I don't. Please explain it.

3.
- T いいですよ。プリントの表現を使ってください。そうすればどうやるかわかります。
- T OK. Please use the expressions in the handout and you'll understand how to do it.

4.
- T まず、グループになって、読んだことについて話し合ってください。
- T First, get into groups and discuss what you read.

5.
- T それぞれのグループに英語で書かれた質問についての意見をまとめてもらいたいと思います。
- T I would like each group to summarize your opinion about the questions written in English.

6.
- T ディスカッションをしましょう！　意見を発表してください。1番についてどう思いますか？　グループAはどうですか？
- T Let's have a discussion! Please present your opinions. What do you think about No.1? How about Group A?

- S 私たちは〜と思います。
- S We think 〜 .

114

🆃 たいへんよくできました！　グループBはどうですか？	🆃 Very good! How about Group B?
🆂 私たちはグループAに賛成です。	🆂 We agree with Group A.

7.
🆃 わかりました。誰か違う意見の人はいませんか？　グループCはどうですか？	🆃 OK. Does anyone have a different opinion? How about Group C?
🆂 グループAには賛成できません。	🆂 I can't agree with Group A.
🆃 なぜできないのですか？	🆃 Why not?
🆂 〜と思うからです。	🆂 Because we think 〜 .

8.
🆃 なるほど。他に意見はありませんか？　グループDはどうですか？	🆃 I understand. Any other opinions? How about Group D?
🆂 両方の側を理解するべきだと思います。	🆂 I think we should understand both sides.

9.
🆃 それでは2番に移りましょう。グループEはどうですか？	🆃 Then let's move on to No.2. How about Group E?
🆂 私たちは〜と思います。	🆂 We think 〜 .
🆃 すばらしいコメントです！　グループFはどうですか？	🆃 Great comment! How about Group F?
🆂 私たちの意見は少し違います。	🆂 Our opinion is somewhat different.

10.
🆃 それはおもしろい。どう思いますか？	🆃 That's interesting. What do you think?
🆂 私たちは〜と思います。	🆂 We think 〜 .

生徒から先生へ

1.
- (S) 何を話し合うのですか？
- (T) 英語で書かれた質問について話し合ってください。

- (S) What should we discuss?
- (T) Please discuss the questions written in English.

2.
- (S) どうやってこのトピックについて話し合うのですか？
- (T) それぞれの意見をグループで発表することによってです。

- (S) How should we discuss this topic?
- (T) By presenting each opinion in your group.

3.
- (S) どんな表現を使うのですか？
- (T) プリントの表現を使ってください。

- (S) What kind of expressions should we use?
- (T) Please use the expressions in the handout.

4.
- (S) ディスカッションで誰がどんな役割をするのかを、どうやったら決められますか？
- (T) グループで決めてください。

- (S) How can we decide who plays what role in the discussion?
- (T) Please decide it in your group.

5.
- (S) いくつ役割があるのですか？
- (T) やってもらう役が4つあります。

- (S) How many roles are there?
- (T) There are four roles to be played.

6.
- (S) どうやったら結論に達することができますか？
- (T) グループのメンバーで話し合ってください。

- (S) How can we come to a conclusion?
- (T) Please discuss that with your group members.

7.
- Ⓢ １つの結論に達しない場合はどうしたらいいのですか？
- Ⓣ その時はいくつかの意見を言ってください。

- Ⓢ **What should we do if we can't come to a conclusion?**
- Ⓣ **Then please present several opinions.**

8.
- Ⓢ このディスカッションにはどのくらいの時間がありますか？
- Ⓣ 20分ぐらいです。

- Ⓢ **How long do we have for this discussion?**
- Ⓣ **About twenty minutes.**

9.
- Ⓢ ノートを見てもいいですか？
- Ⓣ いいですが、できるだけ見ないようにしてください。

- Ⓢ **Can we look at our notebook?**
- Ⓣ **Yes, but try not to look at it as much as possible.**

生徒と生徒

1.

Ⓢ1 グループ〜の意見をどう思う？　　　Ⓢ1 What do you think about Group 〜 's opinion?

Ⓢ2 賛成だよ。　　　Ⓢ2 I agree with them.

2.

Ⓢ1 なぜ彼らの意見に賛成なの？　　　Ⓢ1 Why do you agree with them?

Ⓢ2 〜だからだよ。あなたはどう？　　　Ⓢ2 Because 〜 . How about you?

Ⓢ1 私は賛成じゃないよ。　　　Ⓢ1 I don't agree with them.

3

Ⓢ2 なぜ賛成じゃないの？　　　Ⓢ2 Why do you disagree with them?

Ⓢ1 〜だからだよ。　　　Ⓢ1 Because 〜 .

4.

Ⓢ2 グループ〜の意見に賛成、それとも反対？　　　Ⓢ2 Are you for or against Group 〜 's opinion?

Ⓢ1 私は反対だよ。　　　Ⓢ1 I'm against it.

Ⓢ2 なぜ反対なの？　　　Ⓢ2 Why are you against it?

Ⓢ1 〜だからだよ。　　　Ⓢ1 Because 〜 .

5.

Ⓢ1 あなたはどう？　　　Ⓢ1 How about you?

Ⓢ2 私は賛成だよ。　　　Ⓢ2 I'm for it.

Ⓢ1 どうして賛成なの？　　　Ⓢ1 Why are you for it?

Ⓢ2 〜だからだよ。　　　Ⓢ2 Because 〜 .

4）「聞いたり読んだりして得た情報や考えなどについて、まとまりのある文章を書く」ための教室英語

先生から生徒へ

1.
- T 今日は学んだことについて文を書いてみましょう。
- T Let's write a passage today on what we learned.

2.
- T 文章とはどのようなものかわかりますか？ ～はどうですか？
- T Do you know what a passage is? How about ～ ?
- S わかりません。
- S No, I don't.

3.
- T わかりました。最初にそれについて説明しますね。
- T OK. Let me first explain it.

4.
- T 3つか4つの段落を使って文章を書いてもらいたいと思います。
- T I'd like you to write a passage using three or four paragraphs.

5.
- T 文章を書く前に原稿を見せてください。
- T Please show me your draft before you write the passage.

6.
- T 最初は自分で書いてみてください。
- T Try to write it by yourself first.

7.
- T 次に、文章をパートナーと交換してください。
- T Next, exchange your passage with your partner.

8.
- T 最後に、それをクラスのみんなに発表してください。
- T Finally, please present it to the class.

9.

🇹 プリントの表現を使うようにしてください。　　🇹 Please try to use the expressions in the handout.

10.

🇹 他の人に理解してもらえるようにすることが大切です。　　🇹 It is important to make yourself understood by others.

11.

🇹 理解してもらえるように表現をうまく使ってください。　　🇹 Please use the expressions effectively to make yourself understood.

生徒から先生へ

1.
- Ⓢ もう一度文章について説明していただけますか？
- Ⓣ もちろんです。

- Ⓢ Could you explain the passage one more time?
- Ⓣ Of course.

2.
- Ⓢ 文章にはいくつ段落があればいいのですか？
- Ⓣ 3つか4つです。

- Ⓢ How many paragraphs should there be in the passage?
- Ⓣ Three or four paragraphs.

3.
- Ⓢ どんな種類の表現を使えばいいのですか？
- Ⓣ プリントを見てくだい。

- Ⓢ What kinds of expressions should we use?
- Ⓣ Please look at the handout.

4.
- Ⓢ どうやって使うか見せてくださいますか？
- Ⓣ もちろんです。

- Ⓢ Could you show us how to use them?
- Ⓣ Sure.

5.
- Ⓢ 最初は日本語で原稿を書いてもいいですか？
- Ⓣ いいですよ。

- Ⓢ Can we write a draft in Japanese first?
- Ⓣ Yes, you can.

6.
- Ⓢ ひとりで文章を書くのですか？
- Ⓣ 最初は自分で書いてみて、それからペアになってよりよいものを書いてください。

- Ⓢ Should we write the passage individually?
- Ⓣ Try to write it by yourselves first then get into pairs and write a better one.

7.

Ⓢ 準備するのにどのくらいの時間がありますか？

Ⓣ 時間は20分です。

Ⓢ How much time do we have to prepare for it?

Ⓣ I will give you twenty minutes.

8.

Ⓢ クラスで発表するのですか？

Ⓣ はい、お願いします。

Ⓢ Will we present it in class?

Ⓣ Yes, please.

9.

Ⓢ その発表はペアでするのですか、それともひとりでするのですか？

Ⓣ ペアで発表してください。

Ⓢ Will we present it in pairs or individually?

Ⓣ Please present it in pairs.

10.

Ⓢ 他の人は何をするのですか？

Ⓣ 評価用紙に記入します。

Ⓢ What will the other students do?

Ⓣ They will fill out an evaluation sheet.

| 生徒と生徒 |

1.
- Ⓢ1 文章がどんなものかわかった？
- Ⓢ1 Did you understand what the passage is about?
- Ⓢ2 うん、わかったよ。／ううん、わからなかったよ。
- Ⓢ2 Yes, I did. / No, I didn't.

2.
- Ⓢ1 私に説明してくれる？
- Ⓢ1 Will you explain it to me?
- Ⓢ2 いいよ。
- Ⓢ2 OK.

3.
- Ⓢ2 わかったかな？
- Ⓢ2 Did you understand it?
- Ⓢ1 うん、わかったよ。ありがとう。
- Ⓢ1 Yes, I did. Thanks.

4.
- Ⓢ1 最初は日本語で書いてみるのはどうかな？
- Ⓢ1 How about writing it in Japanese first?
- Ⓢ2 すばらしい考えだね！
- Ⓢ2 Great idea!

5.
- Ⓢ1 例はある？
- Ⓢ1 Is there an example?
- Ⓢ2 あるよ。
- Ⓢ2 Yes, there is.

6.
- Ⓢ1 表現はどうしようか？
- Ⓢ1 How about the expressions?
- Ⓢ2 プリントの表現を使おうよ。
- Ⓢ2 Let's use the expressions in the handout.

7.
- Ⓢ1 一緒に文章を書けるかな？
- Ⓢ1 Can we write the passage together?
- Ⓢ2 すばらしいね。
- Ⓢ2 That would be great.

8.

(S1)何について書こうか？

(S2)ストーリーについてどう感じたかを書くのはどうかな？

(S1)すばらしい考えだね！

(S1)What will we write about?

(S2)How about writing how we feel about the story?

(S1)Great idea!

UNIT 2
生徒中心のモデルレッスン
Model Lesson for Student-Centered Class

▶各モデルレッスンは①導入 (Introduction)、②展開 (Plot)、③発展 (Development)、④まとめ (Conclusion) という構成になっています。発展 (Development) は日をあらためて実施することもできます。

基本的なモデルレッスン
Basic Model Lesson

▶基本的なモデルレッスンは、以下のように展開します。

① 本文に関連した英文を聞き、質疑応答で充分な基礎知識を得る。
② 語句から内容の理解へと進む。
③ 最後に、本文の細かい文法や訳をプリントで補う。

①Introduction (本文に関連した英文を聞き、その後質疑応答を行う)	**T** Today we'll study Lesson 6. The title is "The Internet and Human Beings". I think everyone is interested in the Internet. How about you, Rena? **S** Yes, I am. **T** Good. Let's listen to the passage before reading the text. Please look at the pictures to answer the questions. (Students listen to the passage about the Internet.) **T** OK. Let's check the answers! I'll read the questions aloud. Please answer them. Question 1: When was the design of the Internet completed? **Reo, please answer the question.** **S** In 1973. **T** That's right. Question 2: How long did it take to make the first Internet? **How about Sara?**

125

	Ⓢ About ten years.
	🅣 **Very good!**
	Question 3: By whom was the World Wide Web developed?
	How about you, Noriko?
	Ⓢ I don't know.
	🅣 **Don't worry, Noriko. Does anyone know the answer?**
	(Kana raises her hand.)
	🅣 **Kana.**
	Ⓢ Timothy Lee.
	🅣 **Great!**
②Plot (本文を読み、ペアで内容と語句についての質問を考え、発表する)	🅣 **Now, let's read the text. Please listen to the CD first. Then, please repeat after me.**
	(After listening and reading the text aloud)
	🅣 **What is the article about? Please get into pairs for five minutes to think about it.**
	(After five minutes)
	🅣 **Does any pair have an idea? How about Mona and Mizuki?**
	Ⓢ I think this article is related to the Internet.
	🅣 **That's right. Anything else? How about Akira and Mamoru?**
	Ⓢ The author is trying to say how powerful the Internet is for our society.
	🅣 **Very good! Now, let's check the meanings of some new words and phrases. Any questions? How about Karen?**
	Ⓢ What does "interactive" mean?
	🅣 **Good question. Does anyone know the meaning?**

(Kaito raises his hand.)

🅣 **Kaito, please go ahead.**

🅢 It means "souhoukouno".

🅣 **That's right! Any other questions? What about "thrive"? How about you, Nami?**

🅢 It means "fukuramu".

🅣 **Wonderful!**

(After some interactions)

🅣 **This time, let me ask you the following questions. Please answer them in pairs. I'll give you ten minutes.**

Question 1: How were protests around the world posted?

Question 2: What kind of questions have the protests raised?

Question 3: Where is the issue particularly acute?

(After ten minutes)

🅣 **OK, let's check the answers. Any volunteers? How about Tetsuya and Aya? Please answer Question 1.**

🅢 They were posted on the Internet and its many related devices.

🅣 **Perfect! What about Question 2? How about Saya and Mamoru?**

🅢 They have raised questions about whether Internet access is or should be a civil right or a human right.

🅣 **Fantastic! How about Question 3? Naoki and Kumi, would you please answer it?**

🅢 It is particularly acute in countries whose governments have clamped down on Internet access in an attempt to suppress the protests.

③Development (ペアで質問を考える課題を言う)	🔲 Well done! By next class, please think about two questions in pairs. You'll exchange the questions with other pairs.	
④Conclusion (本文の意味をプリントを用いて確認する)	🔲 Finally, let's check the meanings of the sentences in the text on this page. Please fill in the blanks to complete the Japanese translations while referring to the handout. I'll give you five minutes.	
	(After five minutes)	
	🔲 OK, let's check the meanings of the sentences while referring to the handout.	
	(After checking the meanings of the sentences)	
	🔲 Thank you, everyone. That's all for today. Today's homework is to read and check the meanings of the words on the next page.	
①導入	🔲 今日はレッスン6を勉強します。タイトルは「インターネットと人間」です。みんなインターネットに興味があると思うけど、レナはどうかな？	
	Ⓢ はい、あります。	
	🔲 よかった。教科書を読む前に次の文章を聞いてみよう。絵を見て質問に答えてください。	
	(生徒たちはインターネットについての文章を聞く)	
	🔲 では、答えをチェックしよう！　質問を読み上げます。答えてください。	
	質問1：いつインターネットの設計は完成しましたか？	
	レオ、その質問に答えてください。	
	Ⓢ 1973年です。	
	🔲 そのとおりです。	
	質問2：最初のインターネットを作るのにどのくらいかかりましたか？	

サラはどうですか？

Ⓢ およそ10年です。

Ⓣ とてもいいね！

質問３：誰によってワールドワイドウェブは開発されましたか？
　ノリコ、どうですか？

Ⓢ わかりません。

Ⓣ 心配ないよ、ノリコ。誰か答えがわかりますか？

（カナが手を挙げる）

Ⓣ カナ。

Ⓢ ティモシー・リーです。

Ⓣ すごい！

②展開	Ⓣ では、教科書を読んでいきましょう。まずCDを聞いてください。その後、私の後に続いて繰り返してください。

（教科書の文章を聞き、声を出して読んだ後）

Ⓣ 何についての論説でしょうか？　ペアになって５分間、それについて考えてください。

（５分後）

Ⓣ 意見のあるペアはいますか？　モナとミズキはどうですか？

Ⓢ この論説はインターネットに関連したものだと思います。

Ⓣ そのとおりです。他に何かありますか？アキラとマモルはどうですか？

Ⓢ 著者はインターネットが私たちの社会にとってどれほど影響力があるかを言おうとしています。

Ⓣ たいへんよくできました！　では、新しい語句の意味をチェックしましょう。何か質問はありますか？　カレンはどうですか？

Ⓢ 「interactive」の意味は何ですか？

Ⓣ いい質問です。誰か意味がわかりますか？

（カイトが手を挙げる）

🇹 カイト、お願いします。

🇸 「双方向の」という意味です。

🇹 そのとおりです！ 他に何か質問はありますか？ 「thrive」はどうでしょうか？ ナミはどう？

🇸 「膨らむ」という意味です。

🇹 すばらしい！

（いくつかのやりとりの後）

🇹 今度は、次の質問をします。ペアで考えてください。時間は10分です。

質問１：世界中の抗議はどのように公表されましたか？

質問２：その抗議はどのような疑問を提起しましたか？

質問３：その問題が特に深刻なのはどこでしょうか？

（10分後）

🇹 では、解答をチェックしましょう。誰かやってくれる人はいませんか？ テツヤとアヤはどうですか？ 質問１を答えてください。

🇸 それらはインターネットと多くのその関連デバイスに公表されました。

🇹 完璧です！ 質問２はどうですか？ サヤとマモルはどうですか？

🇸 それらの抗議は、インターネットの利用は市民として、もしくは人としての権利なのか、またそうであるべきかどうかという疑問を提起しました。

🇹 見事だね！ 質問３はどうですか？ ナオキとクミ、それに答えてもらえますか？

🇸 その問題は、抗議を抑えようとしてインターネットを取り締まった国で特に深刻です。

③発展	🇹	よくできました！　次の授業までに、ペアで質問を2つ考えてください。他のペアとその質問を交換しましょう。
④まとめ	🇹	最後に、このページの本文の意味をチェックしましょう。プリントを参照しながら空所を埋めて日本語訳を完成させてください。時間は5分です。
		（5分後）
	🇹	では、プリントを参照しながら本文の意味をチェックしましょう。
		（本文の意味をチェックした後）
	🇹	ありがとう、みんな。今日はこれでおしまいです。今日の宿題は次のページの単語の意味を調べてくることです。

標準的なモデルレッスン
Standard Model Lesson

▶標準的なモデルレッスンは、以下のように展開します。

① 本文の内容について、リスニングテストで確認する。
② それをもとに要約文を作成、発表する。
③ 最終的に、それをもとにグループでディスカッションすることを目指す。
④ 最後のまとめとして、レベルの高い文法事項を用いて自らの考えを発表する。

①Introduction (本文の内容を リスニングと 質疑応答で確 認する)	**T** I'd like you to review the content of the text today. Please listen carefully and answer whether the statements are true or false. (Students listen to the statements.) **T** OK, let's check the answers. Please answer either true or false. How about statement 1? Any volunteers? (After checking the answers)
②Plot (要約文を作成 し、クラスで 発表する)	**T** Next, let's complete the summary of the article. Please put the appropriate words in the following blanks. I'll give you five minutes. (After five minutes) **T** Are you finished? Let's check the words in the blanks. Please present them to the class. Please raise your hand if you're ready. (Ichiro raises his hand.) **T** Ichiro, please go ahead. (After Ichiro reads it) **T** Ichiro, very good. (After some students present their speeches) **T** Thank you everyone. Pease memorize the summary by next class. I'd like you to present it in class.

③Development
(本文の内容についてペアで話し合い、それを英語で発表する)

T This time, let's discuss the content of Lesson 6. First, please think about the following questions then discuss your ideas with your partner. I'll give you ten minutes.

Question 1: Do you think Internet access is a civil right or human right?

Question 2: Why do you think so?

(After ten minutes)

T Now, please present your opinions to the class. Any volunteers?

(Some students raise their hands.)

T Yukari, please go ahead.

S I think Internet access is a human right because we can use it to make our lives much better.

T Great! Any other opinions. How about Shingo?

S I don't think Internet access is always good for people because it is sometimes dangerous.

T That is a good comment! Any questions or comments? How about Shinobu?

S I have a question about Shingo's opinion. How is Internet access dangerous?

T Good question. Shingo, can you answer that question?

S I think it is dangerous when it violates our privacy.

T Great point!

(After some interactions)

④Conclusion （文法のポイントを用いてオリジナルの文を作成し、発表することで文法の習得を目指す）	🅣 Finally, let's do some grammar drills. The grammatical point of this lesson is the subjunctive past perfect. Please answer the questions. I'll give you five minutes. (After checking the answers) 🅣 This time, please make a sentence using the subjunctive past perfect and present it to the class. Any volunteers? (Miyu raises her hand.) 🅣 Miyu, please go ahead. 🅢 If he hadn't studied very hard, he couldn't have passed the test. 🅣 Very good! Finally, please make a sentence related to this lesson. How about Sumire? 🅢 The Internet wouldn't have been created if computers had not been invented. 🅣 Great! (After some presentations) 🅣 Thank you, everyone. You did a great job. I'd like you to find a passage on the Internet related to Lesson 6 before we meet next class. Please come to the computer room next class.
①導入	🅣 今日は教科書の内容をみなさんに復習してもらいたいと思います。よく聞いて言っていることが正しいか誤っているか答えてください。 (生徒たちは文に耳を傾ける) 🅣 はい、答えをチェックしましょう。正しいか誤っているかを答えてください。1番はどうですか？　誰か答えてくれる人はいませんか？ (答えをチェックした後)

②展開	🔳 次に、論説の要約を完成させましょう。次の空所に適語を入れてください。時間は5分です。
	（5分後）
	🔳 終わりましたか？ 空所に入る単語をチェックしましょう！ クラスに発表してください。できる人は手を挙げてください。
	（イチローが手を挙げる）
	🔳 イチロー、お願いします。
	（イチローが読んだ後）
	🔳 イチロー、とてもよかったです。
	（何人かの生徒がスピーチを発表した後）
	🔳 みんなありがとう。次の授業までに要約文を覚えてきてください。クラスで発表してもらいたいと思います。
③発展	🔳 今度は、レッスン6の内容についてディスカッションをしましょう。まず最初に、次の質問を考えてください。その後、パートナーと討議してください。時間は10分です。
	質問1：インターネットの利用は市民の権利だと思いますか、それとも人の権利だと思いますか？
	質問2：なぜそう思いますか？
	（10分後）
	🔳 さあ、クラスのみんなに自分たちの考えを発表してください。誰かやってくれる人はいませんか？
	（何人かの生徒が手を挙げる）
	🔳 ユカリ、お願いします。
	Ⓢ インターネットの利用は人の権利だと思います、なぜなら私たちは生活をよりよくするためにそれを使うことができるからです。
	🔳 すばらしい！ 他に何か意見はありますか？ シンゴはどうですか？

	⑤ インターネットの利用は人にとって必ずしもよいとは限らないと思います、なぜならしばしば危険だからです。
	T それはいいコメントです！ 何か質問やコメントはありますか？ シノブはどうですか？
	⑤ シンゴの意見に質問があります。インターネットの利用はどのように危険ですか？
	T いい質問です。シンゴ、その質問に答えられますか？
	⑤ 私たちのプライバシーを侵害する時危険だと思います。
	T すばらしい指摘ですね！
	（いくつかのやりとりの後）
④まとめ	T 最後に、文法のドリルをしましょう。この課の文法のポイントは仮定法過去完了です。次の問いに答えてください。時間は5分です。
	（答えをチェックした後）
	T 今度は、仮定法過去完了を使って文を作り、クラスのみんなに発表してください。誰かやってくれる人はいませんか？
	（ミユが手を挙げる）
	T ミユ、お願いします。
	⑤ もし彼が一生懸命勉強していなかったら、試験に合格していなかったでしょう。
	T とてもいいですね！ 最後に、このレッスンと関連した文を作ってください。スミレはどうですか？
	⑤ もしもコンピューターが発明されていなかったら、インターネットは生み出されていなかったでしょう。
	T すごい！
	（いくつかの発表の後）
	T みんな、ありがとう。とてもよくやってくれました。次の授業で会う前に、レッスン6と関連している文章をインターネットで見つけてきてください。次の授業はコンピューター教室に来てください。

発展的なモデルレッスン
Advanced Model Lesson

▶発展的なモデルレッスンは、以下のように展開します。

① レッスンの内容に関連した英文をインターネットなどで調べる。
② それを自らの言葉で発表する。
③ その後みんなでディスカッションをすることを目指す。

①Introduction (インターネットで探した本文に関連した英文をグループで検討する)	**T** I'd like you to do the following projects today. First, please present an article you searched on the Internet. I believe each group has found an article related to Lesson 6 using the Internet. Next, please get into groups and write why you chose the article. Be sure to consider the ideal relationship between the Internet and human beings when you discuss your reasons. I'll give you ten minutes. (After ten minutes)
②Plot (グループごとに探した英文とそれについての意見を発表する)	**T** Time is up. Who's first? Please raise your hand if you can present your article and opinions to the class. (Some groups raise their hands.) **T** Thank you. Group C, please go ahead. **S** We found the following article. (Student reads an article aloud.) **S** Based on this article, we think that the Internet should be a tool to make us happy. We should understand the good and bad sides of the Internet. **T** Well said! Can you give a concrete example? **S** We should be aware of the Internet addictions mentioned in this article. **T** Thank you. Next, how about Group D? **S1** We found the following article.

CHAPTER 2 「コミュニケーション英語Ⅱ・Ⅲ」のための教室英語とモデルレッスン

	(Student reads an article aloud.)
	Ⓢ①Considering the content of this article, we think the Internet can bridge the haves and have-nots. We can overcome the gap between the haves and the have-nots if we can use the Internet in a useful way.
	Ⓢ②In addition, the Internet allows people in different parts of the world to quickly and easily share information. Also, the Internet provides a new opportunity for commerce.
	🅣 Excellent! Any other articles and opinions?
	(After some presentations)
③Development (探した英文についてグループで意見交換を行う)	🅣 Finally, please exchange your opinions with the other groups. Think about the questions about articles from the other groups. I'll give you ten minutes.
	(Ten minutes later some groups raise their hands.)
	🅣 Nobuko, please go ahead.
	Ⓢ①I have a question about Group C. Can you name one bad point about the Internet?
	🅣 That's a good question! Group C, can you answer the question?
	Ⓢ②One of the bad points is that the Internet gives us too much information.
	Ⓢ①Thank you. I understand your point.
	🅣 Any other questions or comments? How about Shinya?
	Ⓢ I agree with Group D's opinion because the Internet can do away with the economic gap.
	🅣 Good comment!
	(After some interactions)

④Conclusion （グループへの講評と、次回の課題を言う）	🇹 Thank you, everyone. I'm very impressed with your presentations. Today's homework is to study Lesson 7.
①導入	🇹 今日は次の課題をやってほしいと思います。まず、インターネットで探した記事を発表してください。それぞれのグループはインターネットでレッスン6に関連した記事を見つけてくれましたね。次に、グループになって、なぜその記事を選んだかを書いてください。理由を話し合う時に、必ずインターネットと人間の理想的な関係を考えてください。時間は10分です。 （10分後）
②展開	🇹 時間になりました。最初にやってくれるのは誰ですか？　記事と意見をクラスのみんなに発表できる人は手を挙げてください。 （いくつかのグループが手を挙げる） 🇹 ありがとう。グループC、お願いします。 Ⓢ 私たちは次の記事を見つけました。 （生徒が記事を読む） Ⓢ この記事によると、インターネットは私たちを幸せにしてくれる道具であるべきだと思います。私たちはインターネットのよい点と悪い点の両方を理解するべきです。 🇹 そのとおりですね！　具体的な例を示してくれますか？ Ⓢ 私たちはこの記事で述べられているいくつかのインターネット中毒について用心するべきです。 🇹 ありがとう。次は、グループDはどうですか？ Ⓢ1 私たちは次の記事を見つけました。 （生徒が記事を読む） Ⓢ1 この記事の内容を考えると、インターネットは持つ者と持たざる者の橋渡しをしてくれると思います。もしインターネットを有益に使えば、持つ者と持たざる者の格差を克服できます。

		⑤2 さらに、インターネットのおかげで世界の異なる場所にいる人たちが瞬時にかつ容易に情報を共有できます。加えて、インターネットは商取引の新しい機会を与えてくれます。
		T すばらしい！ 他に何か記事や意見はありませんか？
		（いくつかの発表の後）
③発展		T 最後に、グループ同士で意見を交換してください。他のグループの記事についての質問を考えてください。時間は10分です。
		（10分後、いくつかのグループが手を挙げる）
		T ノブコ、どうぞお願いします。
		⑤1 グループCに質問があります。インターネットの悪い点を1つ挙げられますか？
		T いい質問です！ グループC、その質問に答えられますか？
		⑤2 悪い点の1つはインターネットがあまりにも多くの情報をもたらすということです。
		⑤1 ありがとうございました。言おうとしていることはわかりました。
		T 他に質問やコメントはありますか？ シンヤはどうですか？
		⑤ 私はインターネットは経済格差をなくしてくれるのでグループDの意見に賛成です。
		T いいコメントです！
		（いくつかのやりとりの後）
④まとめ		T みんな、ありがとう。みんなの発表にとても感動しました。今日の宿題はレッスン7を勉強してくることです。

COLUMN 仲間と一緒ならできることから

金子 朝子

　今説明したばかりなのに、いざその英語を使う段になると生徒はほとんど何も覚えていないという経験をしたことがありませんか。教師がうまく説明しさえすれば生徒が学んでくれるのなら、どんなに指導が楽だろう思うこともあります。

　ロシアの心理学者、L. S. Vygotsky（1896-1934）は、学習者は自分だけでは学ぶことができなくても、自分よりも能力のある大人や仲間と一緒ならできることを、最近接発達領域（Zone of Proximal Development: ZPD）の理論で説明しました。学習者は、独力で問題解決が可能な現在の発達水準と、大人や仲間の助けがあれば解決可能なより高いレベルの潜在的な発達水準を持っていると考え、この2つの発達水準の差の間隔を最近接発達領域と呼んでいます。この理論は、学びは一人でよりも互いに助け合う社会的環境の中で行う方が、より促進されるものであることを示唆しています。

　教師の役割は、生徒一人一人を援助し、協働学習の機会を作り、学習者のZPDにある知識に働きかけて活性化させ、やがては問題解決が独力でできるようにすることだと考えられます。つまり、「できない」を、協働の学びの場を通して「他者の助けがあればできる」とし、それを積み重ねて、「ひとりでできる」まで引き上げることなのです。

　では、英語の指導では、どのようにすれば生徒のZPDにある知識を自らの力でできるレベルとすることが可能でしょうか。単なる説明だけでなく、教師が具体的に手ほどきをし、さらに、それをペアワークやグループワークで仲間と一緒に考えたり、コミュニケーションの道具として使ってみたりすることではないでしょうか。ペアの相手やグループの仲間の誰かが、自分よりもより高い発達水準にいれば、それを手本として学ぶことができます。また、仲間も自分と同じレベルにあって100％の理解がなくても、それぞれが自分の持つ英語力を駆使しながら協力して考え、英語を使っていくうちに、「ああ、こうだったのか」という「気づき（noticing）」が起こり、より深く理解するチャンスが増していきます。

　教師の援助の程度や種類、学習者の適応力や協調性などの要因は、もちろんその学びの結果を大きく左右するでしょう。しかし、学習者の発達水準を今よりもさらに高めるためには、教師が説明して、生徒各自が少しばかりの練習をするだけでは十分ではありません。学習者と英語でコミュニケーションをとりながら学びを援助し、さらには、ペアワークやグループワークのような仲間との協働作業の場をさまざまに準備して、生徒の力を伸ばすことが大切ではないでしょうか。

Vygotsky, L.S. 1978. *Mind in Society: Development of Higher Psychological Processes.* Cambridge, Mass: Harvard University Press.
Schmidt, R. 1990. The role of consciousness in second language learning. *Applied Linguistics, 11,* 129-158.

第3章

「英語表現Ⅰ」のための教室英語とモデルレッスン

Classroom English and Model Lesson for "English Expression Ⅰ"

「英語表現Ⅰ」の目標と内容
Goals and Contents of "English Expression Ⅰ"

▶「英語表現Ⅰ」は、コミュニケーション能力の基礎を養うための、中学校での総合的な指導を踏まえて設定されました。「話す・書く」という言語活動を中心に、情報や考えなどを伝える能力の向上を図る目的で選択履修させる科目です。積極的にコミュニケーションを図ろうとする態度を育成するとともに、①事実や意見などを多様な観点から考察し、②論理の展開や表現の方法を工夫しながら伝える能力を養うことが求められます。特に、与えられた話題について即興で話すことや、発表を行うなどの言語活動が示されています。

目標

> 英語を通じて、積極的にコミュニケーションを図ろうとする態度を育成するとともに、事実や意見などを多様な観点から考察し、論理の展開や表現の方法を工夫しながら伝える能力を養う。

「英語表現Ⅰ」の目標は、次の二つの要素から成り立っています。

①英語を通じて、積極的にコミュニケーションを図ろうとする態度を育成すること。
②英語を通じて、事実や意見などを多様な観点から考察し、論理の展開や表現の方法を工夫しながら伝える能力を養うこと。

①は、「外国語の目標」に準じています。②の「事実や意見などを多様な観点から考察」するとは、聞いたり読んだりすることで得た事実や意見などを、ただ理解するだけでなく、他の事実や自他の意見と比較したり、知識や経験などに基づいて分析したりしながら、さらに発展的に考えることを意味しています。また、「論理の展開や表現の方法を工夫しながら伝える能力」とは、相手に理解してもらえるように、文章の構成を考えて、話したり書いたりする能力を意味しています。

内容

> 1) 与えられた話題について、即興で話す。また、聞き手や目的に応じて簡潔に話す。

「話す」を中心とした活動です。課題について生徒同士が質問したり、意見を交換したりすることなどを指します。さらに、即興でスピーチなどを行ったり、聞き手や目的を意識し

て簡潔に話したりする活動も含んでいます。

> 2）読み手や目的に応じて、簡潔に書く。

「書く」を中心とした活動です。書きたい内容を明確にし、その要点などを整理した上で、短い文章を書く活動を行います。その上で、「読み手」と「目的」の両方に配慮するよう指導することが重視されています。

> 3）聞いたり読んだりしたこと、学んだことや経験したことに基づき、情報や考えなどをまとめ、発表する。

「話す」を中心とした活動ですが、「書く」と組み合わせて行うことも多いと思われます。「聞いたり読んだりしたこと」および「学んだことや経験したこと」については、「コミュニケーション英語Ⅰ」と同様の理解を目指します。

「発表する」活動にあたっては、生徒の実態に応じて段階的に進めることが必要です。実際には、生徒は「情報や考えなどをまとめる」ことを、ペアやグループで協力して行います。そして何度も練習を重ね、写真やスライドなど視覚的な材料や、グラフや図表などを用いて、聞き手にわかりやすく、説得力ある発表を目指す指導が大切です。

UNIT 1
生徒中心の授業のための教室英語
Classroom English for Student-Centered Class

▶ 与えられた話題について即興で話したり、聞き手や目的に応じて簡潔に話したり書いたりする活動や、学んだり経験して得たことをまとめて、誰にでもわかりやすく発表する活動のための教室英語をまとめました。

1)「与えられた話題について即興で話す」「聞き手や目的に応じて簡潔に話す」ための教室英語 （CD 35~37）

先生から生徒へ （CD 35）

1.
- T 今日はレッスン〜のトピックについて話しましょう。
- T Let's speak on a topic about Lesson 〜 today.

2.
- T それについて即興で話してみてください。
- T Try to speak off hand about it.

3.
- T プリントの表現を使ってください。
- T Please use the expressions in the handout.

4.
- T ではやってみましょう！ このトピックについて話せますか？ 〜はどうですか？
- T Now let's give it a try! Can you talk about this topic? How about you, 〜?

- S できません。
- S I can't do it.

- T では、例を示しますね。
- T OK, I'll give you an example.

5.
- 🇹 与えられたトピックについて前もって準備せずにどのように話すかわかりますか？　〜はどうですか？
- 🇹 Do you know how to speak about a given topic without preparing beforehand? How about you, ～?

- 🇸 はい、わかります。／いいえ、わかりません。
- 🇸 Yes, I do. / No, I don't.

6.
- 🇹 それではペアでそれについて話してください。
- 🇹 Then please talk about it in pairs.

7.
- 🇹 その後、それをクラスでわかりやすく発表してください。
- 🇹 After that, please present it clearly in class.

8.
- 🇹 今度は聞き手と目的に注目してください。
- 🇹 This time please focus on your audience and purpose.

9.
- 🇹 最後に、他の人と意見を交換しましょう。
- 🇹 Finally, exchange your opinions with others.

10.
- 🇹 何か質問はありますか？　〜はどうですか？
- 🇹 Do you have any questions? How about you, ～?

- 🇸 〜について質問があります。
- 🇸 I have a question about ～.

11.
- 🇹 質問に答えられる人は手を挙げてください。
- 🇹 Please raise your hand if you can answer the question.

12.
- 🇹 何かコメントはありますか？　〜はどうですか？
- 🇹 Do you have any comments? How about you, ～?

- 🇸 私は〜に興味があります。
- 🇸 I'm interested in ～.

生徒から先生へ

1.
- Ⓢ 下書きを書けますか？
- Ⓣ いいえ、できません。

- Ⓢ Can we write a draft?
- Ⓣ No, you can't.

2.
- Ⓢ 準備なしにどうやってトピックについて話すのですか？
- Ⓣ プリントの例にならってください。

- Ⓢ How can we speak on a topic without preparation?
- Ⓣ Please follow the examples in the handout.

3.
- Ⓢ どうやってはっきりと話すか［質問に答えるか／コメントに応じるか］を教えてくれますか？
- Ⓣ もちろんです。／プリントの表現を使ってください。

- Ⓢ Can you teach us how to speak clearly [answer the questions/ respond to the comments]?
- Ⓣ Sure. / Please use the expressions in the handout.

4.
- Ⓢ それについて即興で話せない場合はどうしたらいいですか？
- Ⓣ できるだけやってみてください。

- Ⓢ What should we do if we can't speak off hand about it?
- Ⓣ Do the best you can.

5.
- Ⓢ 質問に1つの単語で答えてもいいですか？
- Ⓣ いいえ、だめです。

- Ⓢ Is it OK to answer the questions with single words?
- Ⓣ No, you can't.

6.
- Ⓢ すぐに質問に答えなくてはいけないのですか？
- Ⓣ はい、そうです。

- Ⓢ Should we answer the questions right away?
- Ⓣ Yes, you should.

| 生徒と生徒 |

1.
- Ⓢ1 そのトピックわかる？
- Ⓢ2 うん、わかるよ。／ううん、わからないよ。

- Ⓢ1 Do you understand the topic?
- Ⓢ2 Yes, I do. / No, I don't.

2.
- Ⓢ1 そのトピックについて話して［質問に答えて］くれる？
- Ⓢ2 うん、いいよ。

- Ⓢ1 Can you speak on the topic [answer the questions]?
- Ⓢ2 Yes, I can.

3
- Ⓢ1 とても上手だね！
- Ⓢ2 あなたはどう？　そのトピックについて話してくれる？
- Ⓢ1 いや、できないよ。

- Ⓢ1 Very good!
- Ⓢ2 How about you? Can you speak on the topic?
- Ⓢ1 No, I can't.

4.
- Ⓢ2 どこが難しいの？
- Ⓢ1 どうやって準備なしに即興で話したらいいかわからないんだ。

- Ⓢ2 What is difficult for you?
- Ⓢ1 I don't know how to speak off hand without preparation.

5.
- Ⓢ2 プリントの表現を使ってみて。
- Ⓢ1 それはいい考えだね。

- Ⓢ2 Try using the expressions in the handout.
- Ⓢ1 That sounds like a good idea.

6.
- Ⓢ1 そのトピックについてよく知ってる？
- Ⓢ2 うん、知ってるよ。／ううん、知らないよ。

- Ⓢ1 Are you familiar with the topic?
- Ⓢ2 Yes, I am. / No, I'm not.

7.

Ⓢ①そのトピックについてどう思った？　Ⓢ①What did you think about the topic?

Ⓢ②とてもおもしろいと思ったよ。　Ⓢ②I thought it was very interesting.

8.

Ⓢ①コメントにどう応じるべきかな？　Ⓢ①How should we respond to the comments?

Ⓢ②プリントを見ればいいよ。　Ⓢ②By looking at the handout.

2)「読み手や目的に応じて、簡潔に書く」ための教室英語

先生から生徒へ

1.
- 🔵 今度はレッスン〜について短い文章を書いてみましょう。
- 🔵 This time let's write a brief passage about Lesson 〜 .

2.
- 🔵 文章とはどういうものかわかりますか？　〜はどうですか？
- 🔵 Do you know what a passage is? How about 〜 ?

- 🟢 はい、わかります。／いいえ、わかりません。
- 🟢 Yes, I do. / No, I don't.

3.
- 🔵 プリントの例にならってください。わかりますか？
- 🔵 **Please follow the example in your handout. Do you understand it?**

- 🟢 はい、わかります。／いいえ、わかりません。
- 🟢 Yes, I do. / No, I don't.

4.
- 🔵 では自分で文章を書いてみてください。
- 🔵 Now please try to write a passage by yourself.

5.
- 🔵 終わったらパートナーと交換してください。
- 🔵 Exchange it with a partner after you have finished.

6.
- 🔵 プリントの語句を使ってください。何か質問はありますか？
- 🔵 **Please use the words and phrases in the handout. Any questions?**

- 🟢 それらをどうやって使ったらいいか示してくれますか？
- 🟢 Can you show us how to use them?

| 🇹 もちろんです。 | 🇹 Sure. |

7.

| 🇹 文章をできるだけはっきりしたものにしてください。 | 🇹 Please try to make your passage as clear as possible. |

8.

| 🇹 文章の読み手や目的について考えてください。 | 🇹 Please think about the readers and purpose of the passage. |

9.

| 🇹 書いたものを他の人が理解することが大切です。 | 🇹 It is important for others to understand what you have written. |

生徒から先生へ

1.
Ⓢ 最初は日本語で文章を書いてもいいですか？
Ⓢ Can we write the passage in Japanese first?

Ⓣ いいですよ。
Ⓣ Yes, you can.

2.
Ⓢ 辞書を使ってもいいですか？
Ⓢ Can we use a dictionary?

Ⓣ もちろんです。
Ⓣ Of course.

3.
Ⓢ 文はいくつ書くのですか？
Ⓢ How many sentences should we write?

Ⓣ 3文以上書いてください。
Ⓣ Please write more than three sentences.

4.
Ⓢ お手本の文章を示してもらえますか？
Ⓢ Can you give us a model passage?

Ⓣ プリントのものを見てください。
Ⓣ Please look at the one in the handout.

5.
Ⓢ 単語をどのように使うかを教えてもらえますか？
Ⓢ Can you teach us how to use the words?

Ⓣ もちろんです。
Ⓣ Sure.

6.
Ⓢ どのようにはっきりした文章を書いたらいいか教えてください。
Ⓢ Please teach us how to write a clear passage.

Ⓣ できるだけ簡潔に書くように心がけてください。
Ⓣ Let's try to write as simply as possible.

7.
- Ⓢ 文章をもっとはっきりとさせるにはどうしたらいいですか？
- Ⓣ 文をもっと短くするといいですよ。

- Ⓢ How can we make our passage clearer?
- Ⓣ You should make the sentences shorter.

8.
- Ⓢ 私の文章に何か間違ったところはありますか？
- Ⓣ はい、あります。／いいえ、ありません。

- Ⓢ Is there anything wrong with my passage?
- Ⓣ Yes, there is. / No, there isn't.

9.
- Ⓢ 私の文章にはどのフレーズが一番合っていますか？
- Ⓣ 最後のものです。

- Ⓢ Which phrase is the best for my passage?
- Ⓣ The last one.

10.
- Ⓢ 私の文章の他のフレーズはどうですか？
- Ⓣ いいですね。

- Ⓢ What about the other phrases in my passage?
- Ⓣ They are fine.

生徒と生徒

1.
- Ⓢ①文章を書ける？
- Ⓢ①Can you write a passage?
- Ⓢ②うん、書けるよ。／ううん、書けないよ。
- Ⓢ②Yes, I can. / No, I can't.

2.
- Ⓢ①前に文章を書いたことはある？
- Ⓢ①Have you ever written a passage before?
- Ⓢ②うん、あるよ。／ううん、ないよ。
- Ⓢ②Yes, I have. / No, I haven't.

3.
- Ⓢ①何について書きたいと思ってるの？
- Ⓢ①What do you want to write about?
- Ⓢ②〜について書きたいんだ。
- Ⓢ②I want to write about 〜.
- Ⓢ①おもしろそうだね。
- Ⓢ①That sounds interesting.

4.
- Ⓢ①これを英語でどう言ったらいい？
- Ⓢ①How do you say this in English?
- Ⓢ②〜と言うんだよ。
- Ⓢ②We say 〜.

5.
- Ⓢ①私の文章をどう思う？
- Ⓢ①How do you feel about my passage?
- Ⓢ②〜と思うよ。
- Ⓢ②I feel it is 〜.

6.
- Ⓢ①私の文はわかるかな？
- Ⓢ①Is my passage clear to you?
- Ⓢ②うん、わかるよ。／ううん、わからないよ。
- Ⓢ②Yes, it is. / No, it isn't.

7.
- Ⓢ①私の文章に何かアドバイスはある？
- Ⓢ①Do you have any advice about my passage?
- Ⓢ②もっと表現を使ったらどうかな？
- Ⓢ②How about using more expressions?

8.

Ⓢ1何かわからないところはある？　　　Ⓢ1Is there anything you don't understand?

Ⓢ2ううん、ないよ。／うん、あるよ。　Ⓢ2No, there isn't. / Yes, there is.

9.

Ⓢ1私のはどう？　　　　　　　　　　　Ⓢ1How about mine?

Ⓢ2あなたのはすごくいいね！　　　　　Ⓢ2Yours is written well!

10.

Ⓢ1どうしたらあなたのように書けるかな？　Ⓢ1How can I write a passage like yours?

Ⓢ2もっと練習をすることだね。　　　　Ⓢ2By doing more writing practice.

3)「聞いたり読んだりして得た情報や考えなどをまとめ、発表する」ための教室英語

先生から生徒へ

1.
- **T** 今日は書いたことを発表します。
- **T** You will give a presentation today on what you wrote.

2.
- **T** 準備はいいかな？ 〜はどうですか？
- **T** Are you ready? How about ~ ?
- **S** いいです。
- **S** I'm ready.

3.
- **T** では、まずペアになって考えを交換してください。
- **T** OK. First, get into pairs and exchange your ideas.

4.
- **T** 一緒に作文を書きましょう。
- **T** Let's write the composition together.

5.
- **T** 必ずプリントの表現を使ってください。
- **T** Be sure to use the expressions in the handout.

6.
- **T** 作文を書き終えましたか？
- **T** Did you finish writing your composition?
- **S** はい、終わりました。／いいえ、終わっていません。
- **S** Yes, I did. / No, I didn't.

7.
- **T** それではどうやって発表するかを考えてください。
- **T** Now please think about how to present it.

8.
- **T** 発表の順序にしたがってください。
- **T** Please follow the order given for the presentation.

9.

| 🅣 パートナーと発表の練習をしてください。 | 🅣 Please practice your presentation with your partner. |

10.

| 🅣 発表を聞いている間、質問とコメントを書いてください。 | 🅣 Please write down your questions and comments while listening to the presentation. |

11.

| 🅣 何か質問やコメントはありますか？ | 🅣 Do you have any questions or comments? |
| Ⓢ 〜に…について聞きたいです。 | Ⓢ I want to ask 〜 about … . |

12.

| 🅣 質問に答えられますか？ | 🅣 Can you answer the question? |
| Ⓢ はい、できます。／いいえ、できません。 | Ⓢ Yes, I can. / No, I can't. |

13.

| 🅣 考えを他の人たちと共有してください。 | 🅣 I would like you to share your ideas with others. |

14.

| 🅣 最後に、グループで発表について話し合ってください。 | 🅣 Finally, discuss the presentations in groups. |

15.

| 🅣 グループで考えをまとめてもらいたいと思います。 | 🅣 I'd like you to summarize your ideas in groups. |

16.

| 🅣 グループで考えをまとめたらクラスのみんなに発表してください。 | 🅣 Please present them to the class after summarizing your ideas in your group. |

生徒から先生へ

1.
(S) どうやって書いたことを発表するのですか？
(T) ペアで発表してください。

(S) How should we present what we wrote?
(T) You should present it in pairs.

2.
(S) 準備をするのにどのくらい時間がありますか？
(T) 時間は10分です。

(S) How much time do we have to prepare for it?
(T) I will give you ten minutes.

3.
(S) パートナーとは日本語で話してもいいですか？
(T) ええ、でもできるだけ英語を話すようにしてください。

(S) Can we talk with our partner in Japanese?
(T) Yes, but try to speak English as much as possible.

4.
(S) 原稿を書くのですか？
(T) はい、お願いします。

(S) Do we have to make a draft?
(T) Yes, please.

5.
(S) 発表のために使える表現はありますか？
(T) はい、ありますよ。

(S) Are there expressions we can use for the presentation?
(T) Yes, there are.

6.
(S) それらの単語の使い方を教えていただけますか？
(T) もちろんです。

(S) Could you show us how to use those words?
(T) Sure.

7.
Ⓢ 発表の後は何をするのですか？　　　Ⓢ What should we do after the presentations?

Ⓣ 意見を交換してください。　　　　　Ⓣ I would like you to exchange your opinions.

8.
Ⓢ どうやって他の人と意見を共有するのですか？　　Ⓢ How will we share our ideas with others?

Ⓣ 評価用紙を使ってください。　　　　Ⓣ Please use the evaluation sheet.

9.
Ⓢ グループでは何をするのですか？　　Ⓢ What should we do in our group?

Ⓣ 意見を発展させることです。　　　　Ⓣ You should develop your opinions.

10.
Ⓢ いつグループの発表をするのですか？　Ⓢ When will we present our group's opinions?

Ⓣ この授業の最後です。　　　　　　　Ⓣ At the end of this class.

生徒と生徒

1.
- Ⓢ1 作文を書き終えた？
- Ⓢ1 Did you finish writing your composition?

- Ⓢ2 うん、終わったよ。／ううん、終わらなかったよ。
- Ⓢ2 Yes, I did. / No, I didn't.

2.
- Ⓢ1 考えを共有できる？
- Ⓢ1 Can we share our ideas?

- Ⓢ2 もちろん。
- Ⓢ2 Sure.

3.
- Ⓢ1 どうやって書いたことを発表する？
- Ⓢ1 How will we present what we wrote?

- Ⓢ2 ２つの作文を使ったらどうかな？
- Ⓢ2 How about using both compositions?

4.
- Ⓢ1 どうやったらいい文章が書けるかわかる？
- Ⓢ1 Do you understand how to write a good passage?

- Ⓢ2 うん、プリントの表現を使うといいよ。
- Ⓢ2 Yes, by using the expressions in the handout.

5.
- Ⓢ1 どうやって使うか知ってる？
- Ⓢ1 Do you know how to use them?

- Ⓢ2 うん、知ってるよ。／ううん、知らないよ。
- Ⓢ2 Yes, I do. / No, I don't.

6.
- Ⓢ1 どうやって発表するのかな？
- Ⓢ1 How should we present them?

- Ⓢ2 順番にだよ。
- Ⓢ2 By taking turns.

7.

Ⓢ①〜の発表についてどう思う？　　　Ⓢ①What do you think about 〜 's presentation?

Ⓢ②〜と思うよ。　　　Ⓢ②I think it is 〜.

8.

Ⓢ①何か質問かコメントはある？　　　Ⓢ①Do you have any questions or comments?

Ⓢ②〜に…について聞きたいんだ。　　　Ⓢ②I want to ask 〜 about … .

9.

Ⓢ①どうやってグループの考えをまとめようか？　　　Ⓢ①How can we summarize our group's ideas?

Ⓢ②お互いに話し合ってだよ。　　　Ⓢ②By talking with one another.

10.

Ⓢ①どうやってグループの考えを発表するのかな？　　　Ⓢ①How will we present our group's idea?

Ⓢ②順番でやろうよ。　　　Ⓢ②Let's take turns.

UNIT 2
生徒中心のモデルレッスン
Model Lesson for Student-Centered Class

▶各モデルレッスンは①導入 (Introduction)、②展開 (Plot)、③発展 (Development)、④まとめ (Conclusion) という構成です。発展 (Development) は日をあらためて実施することもできます。

基本的なモデルレッスン
Basic Model Lesson

▶生徒が基本的な文法や表現を用いて書いたり、それを発表したりできるようになることを目指しています。

①Introduction (レッスンの文法事項を確認する)	🆃 Let's look at Lesson 3 today. What's the title? How about Hana? 🆂 It's "My Friends". 🆃 That's right. What are the grammatical points? How about Yutaka? 🆂 Jisei. 🆃 Very good! We say "tense" in English. Today's goal is to be able to correctly use the different tenses.
②Plot (ドリルで、文法事項の習得を図る)	🆃 Let's do the drills first! Please change the verbs into the correct form. I'll give you five minutes. Please check your answers with your partners when you have finished. (After five minutes) 🆃 Let's check the answers! (After checking the answers) 🆃 This time, please do Exercises 2 and 3. Complete the sentences for Exercise 2 by using the words in brackets. Complete the sentences for Exercise 3 by looking at the pictures. I'll give you five minutes.

(After five minutes)

T Let's check the answers!

(After checking the answers)

T Now, let's express the following Japanese sentences in English. I'll give you ten minutes.

(After ten minutes)

T Let's check the answers together! Please write them down on the blackboard.

(Some students write them down on the blackboard.)

T Great job everyone! Any questions or comments? How about Manami?

Ⓢ Is my English correct?

T Please read it.

(Manami reads a good sentence.)

T Your English is correct, too. Any other questions?

Ⓢ Why is the verb in the first sentence in the present tense?

T Good question! Because it describes a daily habit.

Ⓢ I understand. Thank you.

(Some students ask questions and the teacher answers them.)

③Development
(ペアで、文法の要点を用いた質疑応答を行う)

T Finally, please get into pairs and speak English to express what you want to say. Please ask your partner the three questions in English and the partner should answer them in English impromptu.

No.1: What do you do in your free time?

No.2: What did you do last week?

No.3: What will you do next weekend?

(Students interview each other.)

	🅣 OK. Let's present what your partner said. Any volunteers?	
	(Some students raise their hands.)	
	🅣 Thank you, Masaru and Yui. Please go ahead.	
	🅢 Yumi reads books in her free time. Last Sunday she went to a bookstore to buy a book. She will go to the library with her friend next Saturday.	
	(After students' presentations)	
④Conclusion (授業の講評を言う)	🅣 Thank you everyone. That's all for today. You did a good job. See you next class!	
①導入	🅣 今日はレッスン3を見ていきましょう。タイトルは何ですか？　ハナはどうですか？	
	🅢 「私の友達」です。	
	🅣 そのとおりです。文法のポイントは何ですか？　ユタカはどうですか？	
	🅢 時制です。	
	🅣 とてもいいですね！　英語では「tense」と言います。今日の目標は異なる時制を正しく使えるようになることです。	
②展開	🅣 まず、ドリルをやってみましょう！　動詞を正しい形に直してください。時間は5分です。終わったら、答えをパートナーとチェックしてください。	
	（5分後）	
	🅣 答えをチェックしましょう！	
	（答えをチェックした後）	
	🅣 今度は、問題2と3をやってください。カッコの中の単語を使って問題2の文を完成させてください。絵を見て問題3の文を完成させてください。時間は5分です。	
	（5分後）	
	🅣 答えをチェックしましょう！	

	(答えをチェックした後)
	🇹 それでは、次の日本語の文を英語で表してください。時間は10分です。
	(10分後)
	🇹 みんなで答えをチェックしましょう！ 黒板に答えを書いてください。
	(何人かの生徒が黒板に答えを書く)
	🇹 みんなよくやってくれました！ 何か質問やコメントはありますか？ マナミはどうですか？
	⑤ 私の英語は正しいですか？
	🇹 読んでください。
	(マナミは正しい文を読む)
	🇹 あなたの英語も、正しいですよ。他に何か質問はありますか？
	⑤ なぜ最初の文の動詞は現在時制なのですか？
	🇹 いい質問です！ それが毎日の習慣を表しているからです。
	⑤ わかりました。ありがとうございました。
	(何人かの生徒が質問をし、先生が答える)
③発展	🇹 最後に、ペアになって自分が言いたいことを英語で表現してください。パートナーに英語で3つ質問をし、パートナーは即興で英語で答えてください。
	1番：暇な時は何をしますか？
	2番：先週は何をしましたか？
	3番：次の週末は何をしますか？
	(生徒は互いにインタビューをする)
	🇹 では、パートナーが言ったことを発表してください。誰かやってくれませんか？
	(何人かの生徒が手を挙げる)

	🇹 ありがとう、マサル、ユイ。どうぞお願いします。
	🇸 ユミは暇な時は読書をします。先週の日曜日に彼女は本を買いに書店に行きました。次の土曜日は友達と図書館に行く予定です。
	（生徒の発表の後）
④まとめ	🇹 ありがとう、みんな。今日はこれでおしまいです。よくがんばりました。次の授業で会いましょう！

標準的なモデルレッスン
Standard Model Lesson

▶コミュニケーションに必要な表現を用いてさまざまな文章を書いたり、それをもとにして発表したりできることを目指しています。

①Introduction （レッスンのコミュニケーションに必要な表現を確認する）	**T** Let's study Lesson 11 today. What are today's useful expressions for communication? Tomoko, what do you think? **S** I think they are "why" and "because". **T** Very good! Today's goal is to be able to use "why" and "because".
②Plot （対話文を聞き、それに基づいた質疑応答を行って、表現の習得を目指す）	**T** First, listen to the dialogue and answer each question. Please fill in the blanks. I'll give you ten minutes. (Students listen to a dialogue and fill in the blanks.) **T** OK, everyone. Let's check the answers. Takashi, please answer Question 1. **S** Because she wants to study abroad. **T** Good! Noriko, please answer Question 2. **S** The ALT advised her to listen to English, read books in English, and speak as much as possible. **T** Very good! Satoru, please answer Question 3. **S** The ALT recommended her to listen to music in English and watch movies in English. **T** Great! Thank you, everyone. Now let's learn some useful expressions. Please practice the following dialogues in pairs. I'll give you five minutes. (After five minutes)

③Development (ペアで、オリジナルの対話文を作成し、発表する)	**T** **Next, please make a dialogue in pairs by asking the following questions. I'll give you ten minutes.** (Students make a dialogue by asking questions and answering them.) **T** **OK. Time is up. Please present what you talked about with your partners. Raise your hand when you're ready.** (Some pairs raise their hands.) **T** **Thank you, everyone. Yuki and Mina, please go first.** S①What's your favorite subject? S②My favorite subject is science. S①Why? S②Because I'm very interested in IT. S①What do you want to be in the future? S②I want to be a computer programmer. S①Why? S②Because I want to develop a system useful for our society. **T** **Great job! Any other pairs?** (After some presentations)
④Conclusion (授業のまとめを行う)	**T** **Thank you everyone. Finally, let me tell you today's key expressions one more time. Please use them as much as possible. That's all for today. Have a good weekend!**
①導入	**T** 今日はレッスン11を勉強しましょう。今日の役立つコミュニケーションのための表現は何ですか？ トモコ、どう思いますか？ S 「why」と「because」だと思います。 **T** たいへんよくできました！ 今日の目標は「why」と「because」を使えるようになることです。

②展開	🔳 まず、対話文を聞いてそれぞれの質問に答えてください。空所に適語を入れましょう。時間は10分です。
	(生徒は対話分を聞き空所を埋める)
	🔳 では、みなさん。答えをチェックしましょう。タカシ、質問1に答えてください。
	⑤ 彼女は外国で勉強したいからです。
	🔳 そうです！　ノリコ、質問2に答えてください。
	⑤ ALTは彼女に英語を聞いたり、英語で本を読んだり、できるだけ英語を話したりすることを勧めました。
	🔳 たいへんよくできました！　サトル、質問3に答えてください。
	⑤ ALTは英語で音楽を聴いたり、英語で映画を観たりするといいと言いました。
	🔳 すばらしい！　みんな、ありがとう。それではいくつか役に立つ表現を学びましょう。ペアで次の対話文を練習してください。時間は5分です。
	(5分後)
③発展	🔳 次は、ペアで次の質問をして対話文を作ってください。時間は10分です。
	(生徒たちは質疑応答をして対話文を作る)
	🔳 はい。時間です。パートナーと話したことを発表してください。準備ができたら手を挙げてください。
	(何組かのペアが手を挙げる)
	🔳 みんなありがとう。ユキとミナ、最初にやってください。
	⑤1 好きな科目は何？
	⑤2 科学よ。
	⑤1 どうして？
	⑤2 ITにとても興味があるからよ。
	⑤1 将来は何になりたいの？

	Ⓢ2 コンピュータープログラマーになりたいの。
	Ⓢ1 どうして？
	Ⓢ2 社会に役立つシステムを開発したいからよ。
	T すばらしいね！　他のペアはどうですか？
	（いくつかの発表の後）
④まとめ	T みんなありがとう。最後に、もう一度今日の重要表現をまとめておきます。できるだけたくさん使ってくださいね。今日はこれでおしまいにします。よい週末を！

発展的なモデルレッスン
Advanced Model Lesson

▶発表的なモデルレッスンは、以下のように展開します。

①まとまった文章を読んだり聞いたりする。
②それをもとに文章を書く。
③みんなの前で発表することを目指す。

①Introduction (文法事項を用いたプレゼンテーションを行うための準備をする)	**T** I'd like you to make a presentation today by using "Hikakukyu". "Hikakukyu" means "the comparative" in English. They are very important in making a presentation. Let's review some comparative expressions. (After reviewing some grammatical points) **T** Now please listen to the passage on "Cars". (After listening to the passage on "Cars") **T** What type of car do you like best? Please write your own opinion using about 20 words using comparative expressions. I'll give you ten minutes. (After ten minutes) **T** Please raise your hand if you can present it. How about Reiko? **S** I like compact cars the best. They are much cheaper and better for our environment than other types of cars. **T** Great! Anyone else? (Some students present their passages.)
②Plot (まとまった文章を書く練習を行う)	**T** This time, please write a composition of about 40 words following the manuscript below. Let's do the next exercise before doing it. Translate the Japanese sentences into English to complete a draft. Please try to do it in pairs. I'll give you five minutes.

(After five minutes)

🅣 **Time is up. Please raise your hand if you can answer the questions.**

How about Nao and Yuriko? Please translate No.1 into English.

🅢 I can feel more sure of my school.

🅣 **Very close. Any other answers? How about Tetsuya?**

🅢 I can have more confidence in my school.

🅣 **Perfect! Yuriko, can you translate No.2?**

🅢 Yes. It is more economic than others.

🅣 **Very good, but there is a small mistake. Ken, what do you think?**

🅢 It is more economical to wear school uniforms than other clothes.

🅣 **Excellent! Saya, please translate No.3.**

🅢 I think it is better to wear school uniforms.

---

③Development
（プレゼンテーションのための文章を作成し、発表する）

🅣 **Great! Now please write a draft and present it to the class. You can compare anything you are interested in, such as dogs and cats, life in the country and life in the city, hybrid cars and electric cars, etc. You can write about any topic you are interested in. I'll give you ten minutes.**

(After ten minutes)

🅣 **OK, please present what you wrote to the class. Any volunteers?**

(Some students raise their hands.)

🅣 **Yoshiko, please go ahead.**

	⑤ I like the country life better than the city life for three reasons. First, the air is much cleaner. Second, the cost of living is much cheaper. Third, people in the country are much kinder than those in the city. I currently live in the city. I wish I could live in the country.
	T Thank you, Yoshiko. That was a very good speech. Who's next? How about Yuta?
	⑤ I'd like to use natural energy for three reasons. First, natural energy is much safer. Second, it is more environmentally friendly. Third, it is more suitable to Japan's geography. I think it would be best to create more natural energy.
	(After other presentations)
④Conclusion (生徒による発表の講評を行う)	**T That's all for today. You did a great job. I'm impressed with every presentation. Thank you very much.**
①導入	**T** 今日は「比較級」を用いて発表をしてもらいたいと思います。「比較級」は英語では「the comparative」です。発表をするためにとても大切です。いくつかの比較級の表現を復習しましょう。
	（いくつかの文法のポイントを復習した後）
	T では「車」についての文章を聞いてください。
	（「車」についての文章を聞いた後）
	T どんな種類の車が一番好きですか？　自分自身の意見を比較級の表現を使って20語ぐらいで書いてください。時間は10分です。
	（10分後）
	T 発表できる人は手を挙げてください。レイコはどうですか？
	⑤ 私は小型車が一番好きです。他の種類の車よりずっと安くて環境にいいです。
	T すばらしい！　他に誰かいませんか？
	（何人かの生徒が自分の文章を発表する）

②展開		🅣 今度は、次の作文にならって約40語の作文を書いてください。その前に次の練習問題をやってみましょう。日本語を英語に訳して原稿を完成させてください。ペアでやってみてください。時間は5分です。
		（5分後）
		🅣 時間です。答えられる人は手を挙げてください。
		ナオとユリコはどうですか？　1番を英語に訳してください。
		🅢 I can feel more sure of my school.
		🅣 とても惜しいです。他に何か答えはありませんか？　テツヤはどうですか？
		🅢 I can have more confidence in my school.
		🅣 完璧です！　ユリコ、2番を訳せますか？
		🅢 はい。It is more economic than others.
		🅣 とてもよくできましたが、小さな間違いがあります。ケン、どう思いますか？
		🅢 It is more economical to wear school uniforms than other clothes.
		🅣 すばらしい！　サヤ、3番を訳してください。
		🅢 I think it is better to wear school uniforms.
③発展		🅣 すごい！　では原稿を書いて、それをクラスのみんなに発表してください。興味を持ったどんなものでも比較してかまいませんよ、例えばイヌとネコ、田舎の生活と都会の生活、ハイブリッドカーと電気自動車などです。興味のあるどんなトピックについて書いてもかまいません。時間は10分です。
		（10分後）
		🅣 はい。クラスのみんなに書いたことを発表してください。誰かやってくれる人はいませんか？
		（何人かの生徒が手を挙げる）
		🅣 ヨシコ、どうぞ。

	⑤ 私は3つの理由で都会の生活より田舎の生活の方が好きです。第1に、空気がずっときれいです。第2に、生活費がずっと安いです。第3に、田舎の人たちは都会の人たちよりずっと親切です。今は都会に住んでいます。田舎に住めたらいいと思っています。
	T ありがとう、ヨシコ。とてもいいスピーチでした。次は誰がやってくれますか？ ユウタはどうですか？
	⑤ ぼくは3つの理由で自然エネルギーを使いたいです。第1に、自然エネルギーの方がずっと安全です。第2に、より環境にやさしいです。第3には、より日本の地理に合っています。自然エネルギーをもっと生み出すのが一番だろうと思います。
	（他の発表の後）
④まとめ	T 今日はこれでおしまいです。とてもよくやってくれました。みんなの発表に感動しました。本当にどうもありがとう。

COLUMN チャンクを活用する　　　　　　　　　　　　　　　　　金子 朝子

　英語で授業を行うことのメリットの一つは、日本語で行う授業に比べて、意味を持つ単語の連鎖であるチャンクに触れる機会が多いことではないでしょうか。

　中学校・高等学校の英語の教科書と英語母語話者のコーパスを利用して、英文の語彙列から一定数の語彙の並びの集合を切り出す「Nグラム分析」を使って、チャンクの使用頻度を比較してみました。教科書に用いられている英語は、どうしても使用できる語彙や文法に制限がある上に、その頁数も限られているため、残念ながら母語話者コーパスに比較してチャンクの種類や量が大幅に少ないのが現状です。

　母語話者は母語の文法ルールの知識を意識して使うのではなく、頻繁に耳にしたり読んだりする、ある程度決まった単語と単語の連鎖をチャンクとして身に付けています。さらに、それらをいくつか繋ぎ合わせ、より長いチャンクとして使います。英語をスムースに使うためにはチャンクの活用が重要で、学習者の英語が英語らしく響かないのは、母語話者ほどチャンクを活用していないことが大きな原因の1つだと考えられます。

　こうした弱点を補えるのは、英語を用いての教師と生徒のやり取りです。次の表は、M. Barlow氏のCollocateという分析ツールを用いて「Nグラム分析」を行い、本書第3章と4章に出現するチャンクの例の一部を示したものです。

3語連鎖	頻度	4語連鎖	頻度
I'll give you	14	give you ten minutes	11
how about you	10	expressions in the handout	10
thank you everyone	10	teach us how to	7
against the topic	10	what do you think	5
after ten minutes	9	that's all for today	5
questions or comments	9	as much as possible	5
how to use	8	any questions or comments	4
I'd like you	7	let's check the answers	4
please go ahead	4	please get into pairs	3

　例えば、expressions in the handoutの表現を授業中何回も聞くと、前置詞はonではなくinを使うことが自然にわかります。また、please get into pairsのget intoはget into groupsとしても出現し、日常非常に頻繁に用いられる2語連鎖でもあります。

　一語一語ではなく、3語、4語、5語…をチャンクとして聞き、話す方が、その言語情報を処理する時間が格段に早くなり、コミュニケーションがスムースになります。できるだけ英語で授業をすることで、生徒が自然にチャンクに触れる機会を豊富にしていきたいものです。

金子朝子（2013）「本人英語学習者の語彙・フレーズの発達」『学苑』870号　昭和女子大学

第4章
「英語表現II」のための教室英語とモデルレッスン

Classroom English and Model Lesson for
"English Expression II"

「英語表現Ⅱ」の目標と内容
Goals and Contens for "English Expression Ⅱ"

▶ 「英語表現Ⅱ」は、「英語表現Ⅰ」を履修した後、希望する生徒の能力・適性などに応じて選択履修させる科目として設定されています。積極的にコミュニケーションを図ろうとする態度を育成するとともに、「話す・書く」技能を中心に「論理の展開や表現の方法を工夫しながら伝える能力」を伸ばす指導を発展的に行う科目です。特に、主題を決めて文章を書くことや、討論を行うなどの言語活動が重視されています。

目標

> 英語を通じて、積極的にコミュニケーションを図ろうとする態度を育成するとともに、事実や意見などを多様な観点から考察し、論理の展開や表現の方法を工夫しながら伝える能力を伸ばす。

「英語表現Ⅱ」の目標は、次の二つの要素から成り立っています。

①英語を通じて、積極的にコミュニケーションを図ろうとする態度を育成すること。
②英語を通じて、事実や意見などを多様な観点から考察し、論理の展開や表現の方法を工夫しながら伝える能力を伸ばすこと。

①は、「外国語の目標」に準じています。②は、「英語表現Ⅰ」で養った能力を伸ばすことを意味しています。

内容

> 1）与えられた条件に合わせて、即興で話す。また、伝えたい内容を整理して論理的に話す。

「話す」を中心とした活動です。「英語表現Ⅰ」での「与えられた話題について」に加え、さまざまな条件に合わせて即興で話したり、伝えたい情報や考えなどを相手が理解しやすいよう論理的に話したりする活動が含まれます。

> 2）主題を決め、さまざまな種類の文章を書く。

　「書く」を中心とした活動です。自分が伝えたい情報や考えなどを明確にして主題を決め、「読み手や目的」に応じて、さまざまな種類の文章を書く活動となります。
　「さまざまな種類の文章」とは、生徒が読み手に合わせた文章を書くことを意味します。生徒によっては、何をどう書いたらよいかという指導をする必要があります。また実際に書く前に、生徒の習熟度に応じた語を用いて書かれた、手本となるような文章を実例として示すことも有効です。

> 3）聞いたり読んだりしたこと、学んだことや経験したことに基づき、情報や考えなどをまとめ、発表する。また、発表されたものを聞いて、質問したり意見を述べたりする。

　「話す」ことを中心とした活動ですが、「書く」や「聞く」と組み合わせて行うことも多いでしょう。「英語表現Ⅰ」の言語活動を発展させて、発表の後に質疑応答や意見交換などを行います。より総合的なコミュニケーション能力の育成を目指していて、具体的にはスピーチやプレゼンテーション、ディスカッションなどが含まれます。
　この活動では、発表に積極的に関わろうとする態度を、聞き手にも身に付けさせることが大切です。聞き手はポイントをメモしながら聞き、話された内容を分析・判断・評価するなど、多様な観点から考察できるような指導が必要となります。また、意見を言う際には理由や根拠、代案を添えるなど、話し手と聞き手との間で話し合いが深まるように指導することも大切です。

> 4）多様な考え方ができる話題について、立場を決めて意見をまとめ、相手を説得するために意見を述べ合う。

　「話す・聞く」を中心に、「書く」も組み合わせて行う活動です。ディベートなどを通して、異なる意見がある話題について自らの立場をはっきりさせ、自分の説が優れていることを、説得力をもって述べる活動がこれに当たります。
　実際の指導では、生徒がいずれの立場になるかを教師が指定する場合と、生徒自身が決める場合があります。自分自身の考えとは異なる立場になることもありますが、それが事実や意見などを多様な観点から考察することにつながります。
　「相手を説得するために」の「相手」とは、議論をしている相手だけを意味するのではなく、ディベートならば、聞き手も含むことになります。その場合は、選ばれた数名か、時には聴衆全体が審査員となって評価します。

UNIT 1
生徒中心の授業のための教室英語
Classroom English for Student-Centered Class

▶ 与えられたトピックや条件に合わせて臨機応変に話したり、理路整然と書いたりするための教室英語を示します。さらに、自らが得た情報や考えなどをまとめ、発表し、質問や意見を交換しながら、多様な考え方をするための教室英語を紹介します。

1)「与えられた条件に合わせて即興で話す」「伝えたい内容を整理して論理的に話す」ための教室英語　CD 44~46

先生から生徒へ　CD 44

1.
- T 今日は与えられた条件について話してみましょう。
- T Let's talk today about a given situation.

2.
- T まずレッスン〜に関連したトピックについて話してみましょう。このレッスンに関係するいいトピックはありますか？
- T Let's try to speak about a topic related to Lesson ~ first. Do you have a good topic related to this lesson?

- S はい、あります。／いいえ、ありません。
- S Yes, I do. / No, I don't.

3.
- T 今度は論理的に話すことに焦点を当ててください。「coherently」という単語の意味がわかりますか？
- T This time please focus on speaking coherently. Do you know what the word "coherently" means?

- S いいえ、わかりません。
- S No, I don't.

- T では、説明しますね。
- T OK, I'll explain it to you.

4.

🅣 次に、パートナーとそれについて話す練習をしてください。

🅣 Next, practice talking about it with your partner.

5.

🅣 言おうとしていることをはっきり理解してもらえるようにしてもらいたいと思います。

🅣 I would like you to be able to make yourself understood clearly.

6.

🅣 最後に、クラスで発表してください。

🅣 Finally, please present it to the class.

7.

🅣 この活動では原稿を論理的なものにすることがとても大切です。

🅣 It is very important to make your draft coherent in this activity.

8.

🅣 論理的にするためにプリントの重要表現を使ってください。どうやって使うかわかりますか？

🅣 **Please use the key expressions in the handout to make it coherent. Do you know how to use them?**

🅢 いいえ、わかりません。いくつか例を示していただけますか？

🅢 No, I don't. Could you show us some examples?

🅣 もちろんです。いくつか例を示しますね。

🅣 **Sure. I'll show you some examples.**

9.

🅣 それらの表現を使えば、与えられたトピックについて即興で論理的に話せるようになりますよ。

🅣 You'll be able to speak off hand on a given topic in a coherent manner if you use the expressions.

生徒から先生へ

1.
- (S) 与えられた条件とは何ですか？
- (T) すでに決められた状況のことです。
- (S) What is a given situation?
- (T) A situation that has been decided.

2.
- (S) トピックについて考える時間はありますか？
- (T) もちろんです。
- (S) Can we take some time to think about a topic?
- (T) Sure.

3.
- (S) それについてどうしたら論理的に話せますか？
- (T) そのトピックを注意深く考えることによってです。
- (S) How will we be able to talk about it coherently?
- (T) By thinking carefully about the topic.

4.
- (S) 論理的に話すためのいい表現はありますか？
- (T) ええ、ありますよ。プリントのものを使ってください。
- (S) Are there any good expressions for speaking coherently?
- (T) Yes, there are. Please use the ones in the handout.

5.
- (S) 話し方はどうですか？
- (T) それはとても大切ですね。
- (S) How about the speaking style?
- (T) That's very important.

6.
- (S) そうするためのいい方法はありますか？
- (T) もちろんです。
- (S) Are there good ways to do it?
- (T) Of course.

7.

Ⓢ 論理的に話す方法を教えていただけますか？

Ⓣ いいですよ。

Ⓢ Could you teach us how to speak coherently?

Ⓣ No problem.

8.

Ⓢ 「clearly」と「coherently」の違いは何ですか？

Ⓣ その違いを説明しますね。

Ⓢ What's the difference between "clearly" and "coherently"?

Ⓣ I'll be glad to explain the difference.

9.

Ⓢ 論理的に話すのに一番大切なことは何ですか？

Ⓣ 話す内容の意味が通っているか確かめることです。

Ⓢ What's the most important thing in speaking coherently?

Ⓣ Making sure that what is being said makes sense.

生徒と生徒

1.
Ⓢ1 特定の状況で英語を使える？
Ⓢ1 Are you comfortable using English in specific situations?

Ⓢ2 うん、使えるよ。／ううん、使えないよ。
Ⓢ2 Yes, I am. / No, I'm not.

2.
Ⓢ1 今日の状況はどう？
Ⓢ1 How about today's situation?

Ⓢ2 ちょっと難しいね。
Ⓢ2 It's a little difficult.

3.
Ⓢ1 論理的に話せる？
Ⓢ1 Can you speak coherently?

Ⓢ2 うん、できるよ。／ううん、できないよ。
Ⓢ2 Yes, I can. / No, I can't.

4.
Ⓢ1 プリントの表現を使ったらどうかな？
Ⓢ1 How about using the expressions in the handout?

Ⓢ2 いい考えだね！
Ⓢ2 Good idea!

5.
Ⓢ 論理的に話す練習をしようよ。
Ⓢ Let's practice speaking coherently.

6.
Ⓢ1 トピックについて論理的に話していると思う？
Ⓢ1 Do you think I am speaking coherently on the topic?

Ⓢ2 うん、思うよ。／ううん、思わないよ。
Ⓢ2 Yes, I think so. / No, I don't think so.

7.
Ⓢ1 何か質問はある？
Ⓢ1 Do you have any questions?

Ⓢ2 ううん、ないよ。／うん、あるよ。
Ⓢ2 No, I don't. / Yes, I do.

8.
Ⓢ1 何かわからないことはある？
Ⓢ1 Is there anything you don't understand?

Ⓢ2 最初の部分をもう一度読んでくれる？
Ⓢ2 Can you read the first part again?

2）「主題を決め、さまざまな種類の文章を書く」ための教室英語

先生から生徒へ

1.
- 🅣 今日は短い文章を書いてみよう。「passage」が何かわかりますか？
- 🅢 はい、わかります。／いいえ、わかりません。

- 🅣 We're going to write a short passage today. Do you know what a "passage" is?
- 🅢 Yes, I do. / No, I don't.

2.
- 🅣 まず「passage」が何かを説明します。

- 🅣 I will first explain what a "passage" is.

3.
- 🅣 それではペアになってレッスン〜に関連したトピックを決めてください。トピックを決めましたか？
- 🅢 はい、決めました。／いいえ、決めていません。

- 🅣 Now please get into pairs and decide on a topic related to Lesson 〜. Have you decided on a topic?
- 🅢 Yes, we have. / No, we haven't.

4.
- 🅣 今度はトピックに合った文章を書いてみてください。

- 🅣 This time try to write a passage appropriate to the topic.

5.
- 🅣 たくさんのジャンルがあるのを覚えておいてください。

- 🅣 Please keep in mind that there are many genres.

6.
- 🅣 一番よいものを選ぶことが大切です。

- 🅣 It is very important to choose the best one.

7.

T ジャンルを決めましたか？　　　　　**T** Have you decided on a genre?

S はい、決めました。／いいえ、決めて　**S** Yes, I have. / No, I haven't.
いません。

8.

T その後でジャンルに合った表現を使っ　**T** Please try to use expressions which
てみてください。　　　　　　　　　　fit the genre after that.

9.

T まず自分で文章を書いてみてください。　**T** First try to write a passage by yourself.

10.

T 次に、パートナーと文章を共有してく　**T** Next, share your passage with your
ださい。　　　　　　　　　　　　　　partner.

| 生徒から先生へ | |

1.
- Ⓢ 「passage」についてもう一度説明していただけますか？
- Ⓣ もちろんです。

- Ⓢ Could you explain what a "passage" is one more time?
- Ⓣ Sure.

2.
- Ⓢ どうやってトピックを決めたらいいか教えていただけますか？
- Ⓣ 好きなトピックを選んでいいのですよ。

- Ⓢ Could you please teach us how to decide on a topic?
- Ⓣ You can choose your favorite topic.

3.
- Ⓢ 好きなトピックを選んでいいのですか？
- Ⓣ ええ、選べますよ。

- Ⓢ Can we choose our favorite topic?
- Ⓣ Yes, you can.

4.
- Ⓢ どんな文章がトピックには合いますか？
- Ⓣ 2番目のものはどうですか？

- Ⓢ What kind of passage is good for the topic?
- Ⓣ How about the second one?

5..
- Ⓢ 文章にはいくつ文が必要ですか？
- Ⓣ 4文くらいです。

- Ⓢ How many sentences are necessary in a passage?
- Ⓣ About four sentences.

6.
- Ⓢ よい文章を書くのに大切なことは何ですか？
- Ⓣ トピックに合ったジャンルを選ぶことです。

- Ⓢ What's important in writing a good passage?
- Ⓣ Choosing a genre that is good for the topic.

7.

Ⓢ 私たちの文章はトピックに合っていますか？

🅣 そう思いますよ。

Ⓢ Is our passage good for the topic?

🅣 I think so.

8.

Ⓢ 表現はどうですか？

🅣 プリントの表現を使ってください。

Ⓢ How about the expressions?

🅣 Please use the expressions in the handout.

9.

Ⓢ 文章を書くためによい表現はありますか？

🅣 ええ、ありますよ。

Ⓢ Are there good expressions for writing a passage?

🅣 Yes, there are.

10.

Ⓢ どうやってその表現を使うのか教えてくれますか？

🅣 いいですよ、いくつか示しますね。

Ⓢ Can you show us how to use those expressions?

🅣 OK, I'll show you some examples.

生徒と生徒

1.
- S1 文章を理解できた？
- S2 うん、わかったよ。／ううん、わからないよ。

- S1 Did you understand the passage?
- S2 Yes, I did. / No, I didn't.

2.
- S1 あのトピックは決まった？
- S2 うん、決まったよ。／ううん、決まらなかったよ。

- S1 Did you decide upon that topic?
- S2 Yes, I did. / No, I didn't.

3.
- S1 なぜそのトピックに決めたの？
- S2 とても好きだからだよ。

- S1 Why did you decide on the topic?
- S2 Because I like it very much.

4.
- S1 どんなジャンルを使うの？
- S2 わからないな。

- S1 What kind of genre will you use?
- S2 I don't know.

5.
- S1 文章を書くのを手伝ってくれる？
- S2 うん、いいよ。

- S1 Will you help me write a passage?
- S2 Yes, I will.

6.
- S1 どんな表現を使うべきかな？
- S2 プリントのものを使ったらどうかな？

- S1 What expressions should I use?
- S2 How about using the ones in the handout?

7.
- S1 文書を書くいい方法を知ってる？
- S2 ううん、知らない。／うん、知ってる。

- S1 Do you know a good way to write a passage?
- S2 No, I don't. / Yes, I do.

CHAPTER 4 「英語表現Ⅱ」のための教室英語とモデルレッスン

8.

Ⓢ①私の文章をどう思う？

Ⓢ①What do you think about my passage?

Ⓢ②とてもいいと思うよ。

Ⓢ②I think it is very good.

9.

Ⓢ①何か間違いがある？

Ⓢ①Are there any mistakes?

Ⓢ②うん、あるよ。／ううん、ないよ。

Ⓢ②Yes, there are. / No, there aren't.

10.

Ⓢ①何について書きたいかわかる？

Ⓢ①Do you know what I want to write about?

Ⓢ②うん、わかるよ。／ううん、わからないよ。

Ⓢ②Yes, I do. / No, I don't.

3)「聞いたり読んだりして得た情報や考えなどをまとめ、発表した後、質問や意見を述べる」ための教室英語

先生から生徒へ

1.
- 🅣 今日は習ったことについての考えを発表しましょう。
- 🅣 Let's present your ideas today about what you learned.

2.
- 🅣 まず、プリントを使ってスピーチの原稿を書いてください。書き終えましたか？
- 🅣 First, please write a draft for the speech using the handout. Have you finished writing it?

- 🅢 はい、終わりました。
- 🅢 Yes, I have.

- 🅣 いいですね！
- 🅣 Good!

3.
- 🅣 次は、パートナーと一緒になってそれをもっとよくしてください。
- 🅣 Next, please get together with your partner to make it better.

4.
- 🅣 その後ペアで練習をしてください。
- 🅣 After that please practice it in pairs.

5.
- 🅣 それでは、スピーチを発表してもらいたいと思います。準備はいいですか？〜はどうですか？
- 🅣 So, now I'd like you to present your speech. Are you ready? How about 〜?

- 🅢 はい、いいです。
- 🅢 Yes, I'm ready.

6.
- 🅣 スピーチを聞いている間にコメントや質問を書いてください。
- 🅣 Please write your comments or questions while listening to the speeches.

7.
- 🅢 いったん発表が終わったら、それらのスピーチについて一緒に話し合います。
- 🅣 We'll discuss the speeches together once they have been presented.

8.
- **T** 質問やコメントはありますか？ 〜はどうですか？
- **S** 〜について質問があります。／〜についてコメントをします。

- **T** Does anyone have any questions or comments? How about 〜?
- **S** I have a question about 〜. / I will make a comment about 〜.

9.
- **T** スピーチについてどう思いますか？
- **S** 〜と思います。
- **T** なぜそう思うのですか？
- **S** 〜だからです。

- **T** What do you think about the speeches?
- **S** I think they are 〜.
- **T** Why do you think so?
- **S** Because they are 〜.

10.
- **T** 〜に賛成ですか？
- **S** はい、賛成です。
- **T** なぜ〜に賛成なのですか？
- **S** 〜だからです。

- **T** Do you agree with 〜?
- **S** Yes, I do.
- **T** Why do you agree with 〜?
- **S** Because it is 〜.

11.
- **T** 〜に賛成ですか、それとも反対ですか？
- **S** 〜に賛成[反対]です。
- **T** なぜ〜に賛成[反対]なのですか？
- **S** 〜だからです。

- **T** Are you for or against 〜?
- **S** I'm for [against] 〜.
- **T** Why are you for [against] 〜?
- **S** Because it is 〜.

12.
- **T** 他に意見のある人はいませんか？ 〜はどうですか？
- **S** 〜には賛成できません。
- **T** なぜできないのですか？
- **S** 〜だからです。

- **T** Does anyone have other opinions? How about 〜?
- **S** I can't agree with 〜.
- **T** Why not?
- **S** Because 〜.

生徒から先生へ

1.
- Ⓢ 好きなトピックを選んでもいいですか？
- Ⓣ はい、いいですよ。

- Ⓢ Can we choose our favorite topic?
- Ⓣ Yes, that's fine.

2.
- Ⓢ 最初は日本語で原稿を書いてもいいですか？
- Ⓣ はい、もちろんです。

- Ⓢ Can we write a draft in Japanese first?
- Ⓣ Yes, of course.

3.
- Ⓢ スピーチにはどんな表現を使ったらいいですか？
- Ⓣ プリントのものを使ってください。

- Ⓢ What kinds of expressions should we use for the speech?
- Ⓣ Please use the ones in the handout.

4.
- Ⓢ どのくらいの長さのものを書くのですか？
- Ⓣ プリントの例にならってください。

- Ⓢ How much should we write?
- Ⓣ Please follow the examples in the handout.

5.
- Ⓢ パートナーとスピーチをしてもいいですか？
- Ⓣ ええ、いいですよ。

- Ⓢ Can we make a speech with a partner?
- Ⓣ Yes, that's fine.

6.
- Ⓢ 英語で質問してコメントをするのですか？
- Ⓣ できるだけ英語を使ってください。

- Ⓢ Should we ask questions and make comments in English?
- Ⓣ Please use English as much as possible.

7.
- Ⓢ コメントをするための表現はありますか？
- Ⓣ プリントを見てください。

- Ⓢ Are there expressions for making comments?
- Ⓣ Please look at the handout.

8.
- Ⓢ スピーチについて日本語で話し合ってもいいですか？
- Ⓣ いいですよ、でもできるだけ英語を使うようにしてください。

- Ⓢ Can we discuss the speeches in Japanese?
- Ⓣ It's okay, but try to use English as much as possible.

9.
- Ⓢ 話し合いに使うのにいい表現はありますか？
- Ⓣ はい、ありますよ。

- Ⓢ Are there good expressions to use in the discussion?
- Ⓣ Yes, there are.

10.
- Ⓢ どうやって使うか示してもらえますか？
- Ⓣ もちろんです。一緒に使って練習しましょう！

- Ⓢ Can you show us how to use them?
- Ⓣ Sure. Let's practice using them together!

生徒と生徒

1.
- S1: スピーチを書き終えた？
- S1: Have you finished writing your speech?
- S2: うん、終わったよ。／ううん、終わっていないよ。
- S2: Yes, I have. / No, I haven't.

2.
- S1: どんな種類のトピックを選んだの？
- S1: What kind of topic did you choose?
- S2: とてもやさしいトピックを選んだよ。
- S2: I chose a very easy one.

3.
- S1: スピーチを書くのを手伝ってくれない？
- S1: Will you help me write my speech?
- S2: もちろん。
- S2: Of course.

4.
- S1: まず日本語で書いてみない？
- S1: How about writing it in Japanese first?
- S2: それはいい考えだね！
- S2: That's a good idea!

5.
- S1: どの表現が使えるかな？
- S1: Which expressions can I use?
- S2: プリントのものが使えるよ。
- S2: You can use the ones in the handout.

6.
- S1: その表現をどうやって使うかわかる？
- S1: Do you know how to use the expressions?
- S2: うん、わかるよ。／ううん、わからないよ。
- S2: Yes, I do. / No, I don't.

7.
- Ⓢ①終わった？
- Ⓢ②うん、終わったよ。／ううん、終わらないよ。

- Ⓢ①Are you finished?
- Ⓢ②Yes, I'm. / No, I'm not.

8.
- Ⓢ①スピーチする練習をしない？
- Ⓢ②うん、やろう。

- Ⓢ①Shall we practice making a speech?
- Ⓢ②Yes, let's do it.

9.
- Ⓢ①スピーチをどう思う？
- Ⓢ②〜だと思うよ。あなたは？
- Ⓢ①私もそう思うよ。

- Ⓢ①What do you think about the speeches?
- Ⓢ②I think they are 〜. How about you?
- Ⓢ①I think so, too.

10.
- Ⓢ①〜に賛成？
- Ⓢ②うん、賛成だよ。／ううん、反対だよ。
- Ⓢ①なぜ？
- Ⓢ②〜だからだよ。

- Ⓢ①Do you agree with 〜 ?
- Ⓢ②Yes, I do. / No, I don't.
- Ⓢ①Why?
- Ⓢ②Because 〜 .

4)「多様な考え方ができる話題について、立場を決めて意見をまとめ、相手を説得するために意見を述べ合う」ための教室英語

先生から生徒へ

1.
- 🅣 今日はディベートをしてもらいたいと思います。
- 🅣 I'd like you to do a debate today.

2.
- 🅣 まずディベートについて説明します。
- 🅣 I'll explain about debates first.

3.
- 🅣 わかりますか？　〜はどうですか？
- 🅣 **Do you understand? How about 〜?**
- 🅢 はい、わかりました。
- 🅢 Yes, I do.

4.
- 🅣 ではあなたのグループがトピックに対して賛成か反対かを決めてください。
- 🅣 Then please decide if your group is for or against the topic.

5.
- 🅣 次に、グループになって原稿を書き終えてください。
- 🅣 Next, please get into groups and finish writing the draft.

6.
- 🅣 その後に役割を決めて、ディベートの練習をしてください。
- 🅣 After that please decide the roles and practice the debate.

7.
- 🅣 最初のディベートはグループAとグループCです。準備はいいですか？
- 🅣 **The first debate will be between Group A and Group C. Are you ready?**
- 🅢 はい！
- 🅢 Yes!

8.
- 🅣 忘れずに評価用紙に記入してください。
- 🅣 Please don't forget to fill out your evaluation sheet.

| 生徒から先生へ | |

1.

Ⓢ 最初は日本語で原稿を書いてもいいですか？

Ⓢ Can we write a draft in Japanese first?

Ⓣ はい、いいですよ。

Ⓣ Yes, that's fine.

2.

Ⓢ ディベートのためのルール［表現］がありますか？

Ⓢ Are there any rules [expressions] for debates?

Ⓣ はい、あります。説明しますね。／プリントのものを見てください。

Ⓣ Yes, there are. I'll explain them to you. / Please look at the ones in the handout.

3.

Ⓢ 何回発表するのですか？

Ⓢ How many times should we present it?

Ⓣ 3回だけです。

Ⓣ No more than three times.

4.

Ⓢ ディベートの目的は何ですか？

Ⓢ What's the purpose of a debate?

Ⓣ すばらしい質問です！　考え方を述べることです。

Ⓣ Excellent question! It is to express one's point of view.

5.

Ⓢ ディベートをするのに一番大切なことは何ですか？

Ⓢ What's the most important thing in doing debates?

Ⓣ いい質問です！　他の人の意見を尊重することです。

Ⓣ Good question! It is to respect others' opinions.

6.

Ⓢ ディベートの間は何をするのですか？

Ⓢ What should we do during the debates?

Ⓣ 評価用紙に記入してください。

Ⓣ Please fill out your evaluation sheet.

7.
Ⓢ 勝者はどうやって決めるのですか？　　Ⓢ **How will you decide the winner?**

Ⓣ みんなの評価用紙で決めます。　　Ⓣ It will be decided by your evaluation sheets.

ディスカッション活動のための座席配置例

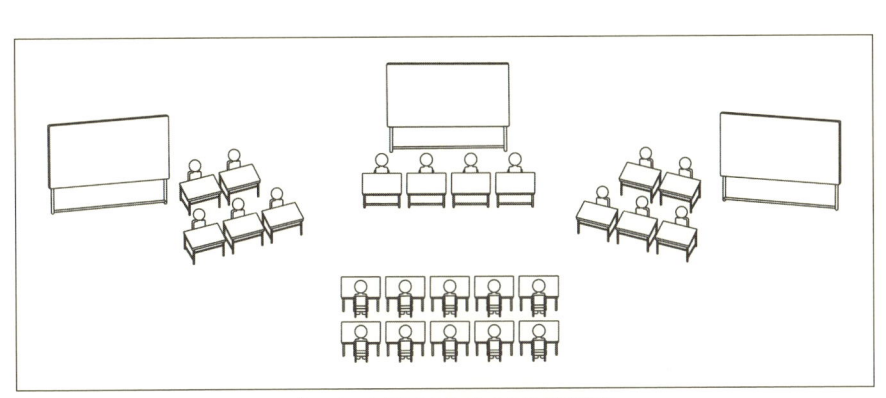

ディベート活動のための座席配置例

| 生徒と生徒 |

1.

(S1) トピックに賛成、それとも反対？　　(S1) Are you for or against the topic?

(S2) 反対だよ。あなたは？　　(S2) I'm against it. How about you?

(S1) 私も反対だよ。　　(S1) I'm also against it.

2.

(S1) 原稿を考えてみようよ！　　(S1) Let's think about the draft!

(S2) いいね！　　(S2) Sounds good!

3.

(S1) まず日本語で書いてみるのはどうかな？　　(S1) How about writing it in Japanese first?

(S2) それはいい考えだね！　　(S2) That's a good idea!

4.

(S1) ルールは何かな？　　(S1) What are the rules?

(S2) プリントを見てみようよ！　　(S2) Let's take a look at the handout!

5.

(S1) どんな表現を使えばいいかな？　　(S1) What expressions should we use?

(S2) プリントのものだよ。　　(S2) The ones in the handout.

UNIT 2
生徒中心のモデルレッスン
Model Lesson for Student-Centered Class

▶各モデルレッスンは①導入(Introduction)、②展開(Plot)、③発展(Development)、④まとめ(Conclision)という構成になっています。発展(Development)は日をあらためて実施することもできます。

基本的なモデルレッスン
Basic Model Lesson

▶生徒がまとまった文章を読み、それをスピーチの形にして発表し、他の生徒たちが質問をしたり意見を述べたりすることができることを目指しています。

①Introduction (スピーチについて学び、原稿を書く)	**T** Today, I'd like you to make a speech about your future. First, we'll learn what a speech is by using an example. Please understand that there are many important expressions in the speech. I'd like you to make a speech using the useful expressions below for writing a speech. Expressions: 1. I would like to talk about / I will be talking about / My topic is about _____. 2. First, / First of all, / To begin with, _____. 3. Secondly, _____. 4. Third, _____. 5. Finally, / In conclusion, / In summary, _____. **T** Please start writing your speech. I'll give you ten minutes to finish it.

②Plot (ペアで原稿を仕上げ、練習をした後、発表をする)	(After ten minutes) **T** Thank you, everyone. Please get into pairs and check your speech draft. Please take turns reading it to your partner. I'll give you ten minutes. (Students take turns reading their speeches.) Ⓢ①Takashi, have you finished your speech draft? Ⓢ②Not yet. How about you, Nobuo? Ⓢ① I have just finished it. Ⓢ②Can you read your speech first? Ⓢ①Sure. Please listen. (Nobuo reads his speech.) Ⓢ②Wow! You did a great presentation. Ⓢ①Really? (After ten minutes) **T** Okay, everyone. Please present your speech. Please raise your hands if you want to volunteer. Don't forget to fill out your evaluation sheet. (Some students raise their hands.) **T** Thank you, everyone. Yumi, please come to the front. (Yumi comes to the front and begins her speech.) **T** Thank you, Yumi. Your speech was wonderful. How about Mamoru? (Mamoru comes to the front and gives a speech.) **T** Excellent! (After some students give a speech)

③Development (ペアでスピーチについて意見を述べる)	**T** Thank you, everyone. I'm very impressed with your speeches. Please get into pairs and talk about your friends' speeches in pairs. I'll give you five minutes. (After five minutes) **T** Any questions or comments? (Some students raise their hands.) **T** Noboru, please go ahead. S①I have a question about Yumi's speech. Does your family know your dream? S②Yes, they do. S①Do they agree with it? S②Yes. S①That's good! Thank you. **T** That was a good question. Any other questions or comments? S①I have a question about Mamoru's speech. How do you plan to prepare to become an animal doctor? S②By taking care of my dog every day. S①You are so kind! (After some interactions)
④Conclusion (スピーチの講評を言う)	**T** Thank you very much everyone. I'm very impressed with your speeches, questions, and comments today. That's all for today. See you next class.

①導入	🇹	今日は、将来についてのスピーチを書いてもらいたいと思います。まず、例を使ってスピーチとはどのようなものなのかを学びましょう。スピーチにたくさんの重要表現があることを理解してください。スピーチを書くのに、下の役立つ表現を使ってスピーチを作ってもらいたいと思います、
		表現：
		1. 私は＿＿＿＿について話したいと思います。／私は＿＿＿＿について話します。／私の課題は＿＿＿＿です。
		2. 第一に、／まず最初に、まず初めに、＿＿＿＿。
		3. 第二に、＿＿＿＿。
		4. 第三に、＿＿＿＿。
		5. 最後に、／結論として、／要約すると、＿＿＿＿。
	🇹	スピーチを書き始めてください。終えるまでの時間は10分です。
		(10分後)
②展開	🇹	みんな、ありがとう。ペアになってスピーチの原稿をチェックしてください。それを順番にパートナーに読んでください。時間は10分です。
		(生徒たちは順番にスピーチを読む)
		ⓢ1 タカシ、スピーチの原稿は終わった？
		ⓢ2 まだだよ。ノブオはどう？
		ⓢ1 ぼくはちょうど終わったところだよ。
		ⓢ2 最初に君の原稿を読んでくれる？
		ⓢ1 いいよ。聞いてね。
		(ノブオがスピーチを読む)
		ⓢ2 すごい！　すばらしい発表だね。
		ⓢ1 本当？
		(10分後)
	🇹	では、みんな。スピーチを発表してください。やってくれる人は手を挙げてください。評価用紙に記入することを忘れないようにしてください。
		(何人かの生徒が手を挙げる)

	🇹 みんな、ありがとう。ユミ、前に来てください。 （ユミは前に来て、スピーチを始める） 🇹 ありがとう、ユミ。すばらしいスピーチだったよ。マモルはどうですか？ （マモルは前に来て、スピーチをする） 🇹 すばらしい！ （何人かの生徒がスピーチをした後）
③発展	🇹 みんな、ありがとう。みんなのスピーチに感動しました。ペアになって友達のスピーチについて話してください。時間は5分です。 （5分後） 🇹 何か質問やコメントはありますか？ （何人かの生徒が手を挙げる） 🇹 ノボル、お願いします。 Ⓢ1 ユミのスピーチに質問があります。家族はあなたの夢を知っていますか？ Ⓢ2 ええ、知っています。 Ⓢ1 賛成していますか？ Ⓢ2 はい。 Ⓢ1 よかったですね！　ありがとうございました。 🇹 いい質問でした。他に何か質問やコメントはありますか？ Ⓢ1 マモルのスピーチに質問があります。獣医になるためにどのような準備をするつもりですか？ Ⓢ2 毎日犬の世話をしています。 Ⓢ1 とても優しいんだね！ （いくつかのやりとりの後）

| ④まとめ | **T** みんなどうもありがとう。今日はみんなのスピーチや、質問、コメントにとても感動しました。今日はこれでおしまいです。次の授業で会いましょう。 |

スピーチ活動のための座席配置例

標準的なモデルレッスン
Standard Model Lesson

▶さまざまな話題についてディベートを行い、それをもとに質問や意見を述べられるようになることを目指しています。

①Introduction (生徒の自主性とディスカッションへの発展のために、グループでトピックについての意見を出し合い賛否を決める)	🅣 We'll have a debate today. The topic is "Fast food is bad for our lives". I think you have thought about it. Please get into groups first and talk about whether you are for or against the topic. Write the draft for your debate using the expressions in the handout. I'll give you ten minutes.
	(Students talk in groups.)
	Ⓢ① Are you for or against the topic? How about Emi?
	Ⓢ② I'm for it.
	Ⓢ③ How about Naomi?
	Ⓢ① I'm for it, too.
	Ⓢ③ How about Mayu?
	Ⓢ④ I haven't decided yet.
	Ⓢ① How about writing a draft for the topic? Mayu, are you OK?
	Ⓢ④ Sounds good!
	(After ten minutes)
②Plot (グループごとに立場を述べた後、ディベートを始める)	🅣 Thank you for participating. Let's start the debate. I'd like you to first say whether you are for or against the topic. How about Group A?
	⟨GroupA⟩ We're against the topic.
	🅣 How about Group B?
	⟨GroupB⟩ We're against the topic, too.
	🅣 How about Group C?
	⟨GroupC⟩ We're for it.

1 Okay, the first debate will be between Group A and Group C. Are you ready? Please don't forget to write down your questions and comments. First of all, Group C, please tell us why you are for the topic.

<GroupC> We are for the topic because fast food is not good for the health.

1 I understand. Group A, please tell us why you are against the topic.

<GroupA> We are against the topic because fast food is necessary in our daily lives.

1 I see. Group C, please tell us your opinion.

<GroupC> I understand what you said, but our health is the most important thing.

1 Thank you. Group A, please give reasons why your group is against the topic.

<GroupA> You may be right, but fast food saves us time.

1 Thank you, Group A and C. Please present your final opinion.

<GroupC> Group A says fast food is necessary because it saves us time, but our health is more important than saving time. We can't do anything without a healthy body.

1 Thank you, Group C. Group A, please go ahead.

<GroupA> Group C says fast food is not good for health, but fast food is becoming healthier. It is wrong to say all fast food is bad for our health.

1 Thank you, Group A and Group C. The next debate will be between Group B and Group D.

(After some debates)

	🅣 Thank you for participating. I'm very impressed with your debates. I'd like to hear your questions and comments before a decision is made. Any questions or comments? (Some students raise their hands.) 🅣 Taeko, please go ahead. ⑤ I have a question for Group A. Could you give us some examples of healthy fast food? ⟨GroupA⟩ An onigiri is healthy fast food. 🅣 Thank you. Anything else? How about Minoru? ⑤ I have a question for Group C. What can you cook when you're in a hurry? ⟨GroupC⟩ We can cook something very simple. We should make an effort to do so. (After some interactions)
③Conclusion （ディベートの講評と今後の予定を述べる）	🅣 Thank you everyone. Please hand in your evaluation sheet. I'll announce which group is the winner in five minutes.
①導入	🅣 今日はディベートをします。トピックは「ファストフードは私たちの生活によくない」です。それについて考えてきてくれたと思います。まずグループになって、トピックに賛成か反対かについて話してください。プリントの表現を使いながらディベートの原稿を書いてください。時間は10分です。 （生徒たちはグループで話し合う） ⑤①そのトピックに賛成？　それとも反対？　エミはどう？ ⑤②賛成よ。 ⑤③ナオミはどう？ ⑤①私も賛成よ。 ⑤③マユはどう？

	(S4) まだ決まってないわ。
	(S1) トピックについて賛成の原稿を書いたらどうかしら？ マユ、いい？
	(S4) いいわね！
	(10分後)
②展開	🇹 参加してくれてありがとう。ディベートを始めましょう。まずトピックに賛成か反対か言ってもらいたいと思います。グループAはどうですか？
	⟨GroupA⟩ 私たちはトピックに反対です。
	🇹 グループBは？
	⟨GroupB⟩ 私たちも反対です。
	🇹 グループCはどうですか？
	⟨GroupC⟩ 私たちは賛成です。
	🇹 では、最初のディベートはグループAとグループCでやってもらいましょう。準備はいいですか？ 質問とコメントを忘れずに書いてくださいね。まず最初に、グループC、なぜそのトピックに賛成なのか言ってください。
	⟨GroupC⟩ 私たちはそのトピックに賛成です。なぜなら、ファストフードは健康によくないからです。
	🇹 わかりました。グループA、なぜトピックに反対なのか言ってください。
	⟨GroupA⟩ 私たちはそのトピックに反対です。なぜなら、ファストフードは日常生活に必要だからです。
	🇹 なるほど。グループC、意見を言ってください。
	⟨GroupC⟩ あなたたちが言っていることはわかりますが、健康は一番大切です。
	🇹 ありがとう。グループA、なぜトピックに反対なのかを言ってください。
	⟨GroupA⟩ あなたたちは正しいかもしれませんが、ファストフードは時間を節約してくれます。

T グループAとグループC、ありがとうございました。最後の意見を述べてください。

GroupC グループAは、ファストフードは時間を節約してくれるので必要だと言っていますが、健康は時間を節約することより大切です。健康な体がなければ何もできません。

T ありがとう、グループC。グループA、どうぞお願いします。

GroupA グループCはファストフードは健康によくないと言いますが、ファストフードはだんだん健康的になっています。すべてのファストフードが健康によくないと言うのは誤りです。

T グループAとグループC、ありがとう。次のディベートはグループBとグループDです。

(いくつかのディベートの後)

T みんな参加してくれてありがとう。みんなのディベートにはとても感動しました。判定する前に、みんなの質問やコメントを聞きたいと思います。何か質問やコメントはありませんか？

(何人かの生徒が手を挙げる)

T タエコ、どうぞ。

S グループAに質問があります。健康的なファストフードの例を挙げてくれますか？

GroupA おにぎりは健康的なファストフードです。

T ありがとう。他に何かありますか？　ミノルはどうですか？

S グループCに質問があります。急いでいる時は何を作れますか？

GroupC とても簡単なものを作れます。そうする努力をすべきです。

(いくつかのやりとりの後)

④まとめ

T みんなありがとう。評価用紙を提出してください。5分後にどのグループが勝ったかを発表します。

発展的なモデルレッスン
Advanced Model Lesson

▶いろいろなテーマについてディスカッションができることを目指しています。生徒が臨機応変に自分の意見や疑問を出し合い、それを通じて互いに高め合っていくことが望まれています。

①Introduction (グループでトピックについて話し合い、ディスカッションの原稿を書く)	**T** I'd like you to discuss Lesson 8 today. The topic is "World Peace". This time I would like each group to discuss the topic. Please get into groups first and discuss what you think about it again. Please finish writing a draft of the discussion by using the expressions in the handout. I'll give you ten minutes. (After ten minutes)
②Plot (グループごとにディスカッションを発表する)	**T** Time is up. Please raise your hands if you can present your discussion. (Some groups raise their hands.) **T** Thank you everyone. Group E, please go ahead. Don't forget to fill out your evaluation sheet. (Group E presents their discussion to the class.) **S①** What do you think about world peace? **S②** I think it is very difficult to achieve. **S③** I agree. **S①** Is there a good way to achieve world peace? **S④** How about straightening out our misunderstanding? **S③** Anything else? **S②** We should resolve economic gaps. **S④** That's a great idea! **T** Thank you Group E. That was a great discussion. Who's next? How about Group F? (Group F presents their discussion to the class.)

	Ⓢ①How can we achieve world peace? Ⓢ②By understanding each other. Ⓢ③By respecting other cultures. Ⓢ①I think both are true. Ⓢ②How about you, Yuka? Ⓢ①I think world peace is realistic. Ⓢ③I agree. (After other discussions)
③Development (グループ同士で質問やコメントを交換する)	🅣 Thank you everyone. You did a great job. Next, please exchange your opinions with the other groups. Please get into groups and think about the questions and comments about the other groups' discussions. I'll give you ten minutes. (After ten minutes) 🅣 Any questions or comments? How about Group A? ⦅GroupA⦆ I have a question for Group F. Do you think it is possible for us to understand each other? 🅣 Good question. Group F, can you answer the question? ⦅GroupF⦆ We think so. 🅣 I think so, too. Thank you. Any other questions or comments? How about Group C? ⦅GroupC⦆ We are impressed with both of the discussions. Thank you very much. 🅣 Absolutely. (After some interactions)

④Conclusion（ディスカッションの講評を述べる）	🅣 Thank you for participating. Every discussion had some good points. For example, everyone's discussion was very clear and easy for everyone to understand. You also used good expressions for each discussion. That's all for today. See you next class.	
①導入	🅣 今日はレッスン8について話し合いたいと思います。トピックは「世界平和」です。今回はトピックについてそれぞれのグループに話し合ってもらいたいと思います。まずグループになって、トピックについてどのように考えるかをもう一度話し合ってください。プリントの表現を用いてディスカッションの原稿を書き終えてください。時間は10分です。 （10分後）	
②展開	🅣 時間です。ディスカッションを発表できる人は手を挙げてください。 （いくつかのグループが手を挙げる） 🅣 みんなありがとう。グループE、どうぞお願いします。忘れずに評価用紙に記入してください。 （グループEがクラスのみんなにディスカッションを発表する） 🅢① 世界平和についてどう思う？ 🅢② 実現するのはとても難しいと思うよ。 🅢③ 賛成だよ。 🅢① 世界平和を達成するいい方法はあるかしら？ 🅢④ 誤解を解くことはどうかな？ 🅢③ 他に何かある？ 🅢② 経済格差を解決するべきだよ。 🅢④ すばらしい考えだね！ 🅣 ありがとう、グループE。すばらしいディスカッションだったよ。次はどこかな？　グループFはどうですか？ （グループFがクラスのみんなにディスカッションを発表する） 🅢① どうしたら世界平和を達成できるかしら？	

	Ⓢ2 互いに理解することによってだよ。	
	Ⓢ3 互いの文化を尊重することでじゃないかしら。	
	Ⓢ1 ふたりとも正しいと思うわ。	
	Ⓢ2 ユカはどう？	
	Ⓢ1 世界平和は現実的だと思うわ。	
	Ⓢ3 賛成だわ。	
	（他の発表の後）	
③発展	🅣 みんなありがとう。とてもよくやってくれました。次は、グループ同士で意見交換をしてください。グループになって他のグループのディスカッションに対する質問やコメントを考えてください。時間は10分です。	
	（10分後）	
	🅣 何か質問やコメントはありますか？　グループAはどうですか？	
	GroupA グループFに質問があります。互いに理解することは可能だと思いますか？	
	🅣 いい質問です。グループF、その質問に答えられますか？	
	GroupF できると思います。	
	🅣 私もそう思います。ありがとう。他に質問やコメントはありますか？　グループCはどうですか？	
	GroupC 両方のディスカッションに感動しました。ありがとうございました。	
	🅣 全くそのとおりですね。	
	（いくつかのやりとりの後）	
④まとめ	🅣 みんな参加してくれてありがとう。どのディスカッションにもよい点がありました。例えば、みんなのディスカッションはとても明快でわかりやすくてみんなが理解できました。またそれぞれのディスカッションにいい表現を使ってくれました。今日はこれでおしまいです。次の授業で会いましょう。	

巻末資料

ディベートの基本的な進め方

Appendix:
The Basis Procedure for Debating

巻末資料
ディベートの基本的な進め方

▶新学習指導要領の実施にあたり、相手の考えを受け入れ、自分の意見を主張することのできる「コミュニケーション能力」の育成が求められています。中でも「聞く・読む・話す・書く」の4技能を統合的に活用し、英語力を高める効果があると言われるディベート活動に注目が集まっています。しかしこのディベート活動は、すぐにできるというものではありません。この巻末資料では、生徒がディベートができるようになるための提案を以下の視点から行っていきます。

1．3年計画で行う

高校の3年間で、どのような力を生徒につけてほしいかを英語科全体で話し合うことは、とても大切なことです。ディベートが英語でできるようになることを3年計画のゴールの一つとし、そのゴール達成のために年間、学期、日々の授業をどのように組み立てていくかを考えることは、生徒の英語力向上のためにきわめて重要です。

2．「コミュニケーション英語」と「英語表現」を結び付ける

新学習指導要領の実施によって始まる新しい科目の中で、どのようにしたらディベートを取り入れていくことができるでしょうか？「コミュニケーション英語」と「英語表現」をうまく結び付けることが、ディベートの実現に不可欠です。それぞれの科目の中で、次のような活動を取り入れていきます。

(1) コミュニケーション英語

「コミュニケーション英語」では、①さまざまな分野の情報を聞き、②それに関するものを読み、③その後感想や意見を書いて、④それをもとに発表や話し合いを行っていくことを目標としています。「コミュニケーション英語Ⅰ」では、英語で意見を述べ、質疑応答ができるようになることを目標としています。そのため、学期ごとにペアやグループで英語を使って発表する場面を持ち、日々の授業の中では、本文の内容について英語で質疑応答する場面を充実させていきます。英語による質疑応答は、教科書に記載された質問を教師がして生徒が答えるといった受動的なものになりがちです。生徒同士が質疑応答を練習し、ペアでオリジナルの質問を考え、それを他の生徒に問いかける場面などを積極的に導入することで、英語による質疑応答がより活発になるはずです。そして学期ごとに、教科書本文についての質疑応答の発表をペア、グループで行えば、それがディベートへとつながっていきます。

「コミュニケーション英語Ⅱ・Ⅲ」では、目標をディベートに置くとよいでしょう。レッスンごとに本文の内容について意見をまとめ、それを発表する場面を持ちます。その際に心がけたいことは、「生徒が本文の内容について、自分の考えを持ちながら読む」という姿勢

です。このためには「英語表現」での活動が大変役立つはずです。「英語表現Ⅱ」では意見や感想、そして論理的な文を書いて発表する活動が重視されています。このような活動で培った力を発揮させるために、学期ごとにテーマを決めてディベートを行うとよいでしょう。ディベートを行う際には、以下のような準備が必要です。

　①ディベートの意義と流れを説明する。
　②日本語で教科書の内容についてディベートをしてみる。
　③ペア、グループで小規模の意見交換の練習をする（マイクロディベート）。
　④自分たちの立場を示す原稿を書き、練習する。
　⑤相手から出される意見を予想し、ディベートで用いられるであろう表現を練習する。
　⑥インターネットなどで、テーマに関連する資料などを用意する。

　このような準備を重ねながら、学期ごとにディベートのテーマや長さの難易度を少しずつ上げていきます。学期ごとに学習目標とその成果を設定すれば、年間計画も立てやすくなります。

(2) 英語表現

　「英語表現」の目標は、正しい文法やコミュニケーションに必要な表現をもとにして、自分の意見や感想を書き、それを発表できるようになることです。「英語表現Ⅰ」では、学期ごとにテーマと長さを決め、生徒による英語のスピーチ発表の場面を作ります。その実践のために日々の授業でも、習った文法や表現を用いたオリジナルの文章を作り、発表する時間を設けるとよいでしょう。その際はALTに添削してもらい、発表時にコメントなどをもらえるようにするとより効果的です。

　「英語表現Ⅱ」では、「コミュニケーション英語Ⅱ」の中の論証文などを活用して、まとまった英文を書き、それをもとにしたディベートができるようにします。「コミュニケーションⅡ」の論証文をしっかりと読むことで、生徒たちに以下のことを学ばせましょう。

　① エッセイの構成
　② 著者の立場
　③ 著者が自身の立場を支持する理由
　④ それぞれの理由
　⑤ 主張する裏づけ
　⑥ 著者の提案によってもたらされる結果、それについての説明

　これらの学習を通して、生徒たち自身も論理的な文章を書くことができるようになるはずです。数レッスンごとにこのように論理的な文章を書く練習をし、聞き手を説得するように話せる力をつけることが望まれます。そしてその発表時に、「コミュニケーション英語Ⅰ」で培った質疑応答を加えることができれば、ディベートへとつながっていきます。各学期の終わりには、徐々にテーマや長さのレベルを上げてディベートを行います。「英語表現」では、ディベートのためにあらかじめ用意する論理的な文章を書く時間を、充分に確保することも必要です。そのためにALTに添削をお願いするのもよいでしょう。それによって、より内容の濃いディベートが期待できます。

そしてディベートの際には、生徒にもALTとともに評価や質問、感想を述べてもらうようにするのが理想です。

　「コミュニケーション英語」では、生徒の「聞く・読む」力を中心とした4技能を総合的に伸ばし、「英語表現」では「書く・話す」力を重視していけば、二つの科目が相互に結び付いて、ディベート活動が実現します。

3．ディベートの準備とその進め方と表現
(1) ディベートへの準備

段階	内容
第1段階	① ディベートの意義・内容・手順を生徒に理解させる。 ② ディベートのテーマとグループを決め、日本語で自由に賛否両論の意見を言わせる。 ③ 高校生によるディベートをビデオなどで見せ、動機づけを図る。
第2段階	① 賛否を表す英語表現を示す。 ② グループ内で、テーマについての意見を日本語で書き出す。 ③ 書き出した日本語をもとに英語にしてみる。 （ALTなどに添削を手伝ってもらう）
第3段階	① グループのテーマに対する立場を決める。 ② グループで、ディベートの最初に述べるスピーチを考える。 ③ ALTに手助けしてもらいながら、スピーチを、英語に直していく。
第4段階	① テーマに関する資料を、日本語英語にかかわらずインターネットなどで集める。 ② 自分のグループの意見や、反対側のグループに対する質問・意見を想定して原稿を作る。 ③ 作った日本語の原稿を英語に直す。
第5段階	① 作った英語の原稿を、グループで暗記できるまで口頭練習をする。 ② ALTに原稿および話し方の最終チェックをしてもらう。

| | ③ 他のグループ同士がディベートをしている時の評価の仕方について、説明する。 |
| | ④ 最後に、ディベートの日時と順番を決める。 |

(2) ディベートの進め方

段階	内容
第1段階	① **肯定側の立論** (Affirmative Constructive Speech) →テーマについての肯定の主張を行う。 ② **作戦会議** (Preparation) →否定側は肯定側に行う質問を準備する。肯定側は受け答えの準備をする。 ③ **Q&A** (Cross-examination) →肯定側の立論に対して、否定側から質問をする。肯定側は一つひとつの質問に答える。
第2段階	① **否定側の立論** (Negative Constructive Speech) →テーマについて否定の主張を行う。 ② **作戦会議** (Preparation) →肯定側は否定側に行う質問を準備する。否定側は受け答えの準備をする。 ③ **Q&A** (Cross-examination) →否定側の立論に対して、肯定側から質問をする。否定側は一つひとつの質問に答える。
第3段階	① **作戦会議** (Preparation) →否定側は反論の準備をする。 ② **否定側の反論** (Negative Rebuttal Speech) →肯定側の主張の弱点を指摘する。また、否定側の主張をさらに展開する。肯定側は否定側の言うことをよく聞いて、次の自分の側の反論に備える。

	③ **作戦会議** (Preparation) →肯定側は反論の準備をする。 ④ **肯定側の反論** (Affirmative Rebuttal Speech) →否定側の主張の盲点を指摘し、否定側からの指摘に対して自分の側の主張を守る。否定側は肯定側の言うことをよく聞いて、次のまとめの準備をする。
第4段階	① **否定側まとめ** (Negative Summation) →今までの論点を要約して、否定側がいかに有利に議論を進めてきたかをアピールする。 ② **肯定側まとめ** (Affirmative Summation) →今までの論点を要約して、肯定側がいかに有利に議論を進めてきたかをアピールする。

(3) ディベートのための表現

主題や要点をはっきりさせる時	
私は次の3つの理由で〜だと思います。	I think that 〜 for the following three reasons.
第一の理由は〜です。	The first reason is that 〜.
第二の理由は〜です。	The second reason is that 〜.
そして最後の理由は〜です。	And the final reason is that 〜.
質問や確認をする時	
〜について質問があるのですが。	I have a question about 〜.
〜についてお聞きしたいのですが。	I'd like to ask you about 〜.
〜について聞いてもいいですか？	Can I ask you about 〜?
あなたは〜と考えているのですか？	Do you think that 〜?
〜についてどう思いますか？	What do you think about 〜?
〜とはどのような意味でしょうか？	What do you mean by 〜?
〜をわかりやすく説明していただけますか？	Could you clarify 〜?

～と考えるのは正しいですか？	Am I correct in thinking that ～?
反論をする時	
私は～とは思いません。	I don't think that ～.
あなたは～と言いましたが、私たちは…と思います。	You said ～, but we think ….
あなたの考えはわかりますが、～。	I see your point, but ～.
～なのであなたは間違っていると思います。	I think you are wrong because ～.
あなたの考え［議論］は～なので間違っていると思います。	We think your idea [argument] is wrong because ～.
～と言うのは間違っています。	It is wrong to say that ～.
私たちは～という意見に反対です。	We disagree with the opinion that ～.
確かに～ですが、…。	It is true that ～, but ….
あなたの考えは～という点で現実的ではありません。	Your idea is not realistic in that ～.
付け加える時	
付け加えてもいいでしょうか？	May I add something?
それに加えて、～。	Besides that, ～.
もう1つの点は～です。	Another point is that ～.
～に加えて、…です。	In addition to ～, ….
討論をまとめる時	
結論は、～です。	In conclusion, ～.
要するに、～です。	In summary, ～.
これらの理由で結論は～です。	For these reasons our conclusion is that ～.
これらの理由で、私たちは～と主張します。	For all these reasons, we insist that ～.

監修者プロフィール

吉田　研作（よしだ　けんさく）

上智大学言語教育研究センター教授・センター長。専門は応用言語学。文部科学省が提唱している「英語が使える日本人」育成のためのさまざまなプロジェクトに関与し、「外国語教育における『CAN-DOリスト』の形での学習到達目標設定に関する検討会議」座長をつとめる。日韓中国の高校生の英語力比較、および教師の教え方の比較研究、さらに、国内における文科省指定のSuper English Language High Schoolと普通校の間の英語教育の違いなどについて研究している。

文部科学省では、外国語能力の向上に関する検討会座長、Super English Language High School企画評価委員会副委員長、「『英語が使える日本人』を育成するための戦略構想」第1研究グループ・リーダー、文部科学省中央教育審議会外国語専門部会委員などをつとめた。その他、(NPO)小学校英語指導者認定協議会理事、The International Research Foundation for English Language Education(TIRF)理事、Asia TEFL理事など多数。

近著に、『現場で使える教室英語―重要表現から授業への展開まで』（監修、三修社、2011）、『英語教育政策―世界の言語教育政策論をめぐって』（共著、大修館、2011）、『外国語研究の現在と未来』（監修、Sophia University Press、2010）、『21年度から取り組む小学校英語―全面実施までにこれだけは（編著、教育開発研究所、2008）他多数。

金子　朝子（かねこ　ともこ）

昭和女子大学副学長。1977年にサンフランシスコ州立大学修士、1992年にテンプル大学で教育学博士取得。昭和女子大学附属中学高等学校教諭を経て、人間文化学部英語コミュニケーション学科、大学院言語教育・コミュニケーション専攻教授。専門は第二言語習得、学習者コーパス研究。国際的な学習者コーパスであるICLE、LINDSEIの日本人コーパス担当。日本学術振興会から科学研究費を受け、学習者コーパスの研究を進める。「2010年度英語コーパス学会賞」受賞。

文科省の新学習指導要領中学校外国語（英語）とその解説の作成協力者。国立教育政策研究所の行う「特定の課題に関する調査中学校外国語（英語）」各種の問題作成、結果分析協力者。

近著に、『現場で使える教室英語―重要表現から授業への展開まで』（監修、三修社、2011）、英語教育学体系第5巻『第二言語習得―言語習得から脳科学まで』（共編著、大修館、2011）、英語教育学体系第1巻『大学英語教育学―その方向性と諸分野』（共著、大修館、2010）、『文献からみる第二言語習得研究』（共著、開拓社、2005）他多数。

著者プロフィール

石渡　一秀（いしわた　かずひで）
　1958年生まれ。青山学院大学文学部英文学科卒業。兵庫教育大学大学院言語教育学科修了。神奈川県立外語短大付属高等学校、岩戸高等学校、三浦臨海高等学校を経て、2013年4月現在、神奈川県立逗子高校にて勤務。一度英語でつまずいた生徒に自信を取り戻してもらうための教材開発と授業研究に努めている。
　著書に『現場で使える教室英語─重要表現から授業への展開まで』(共著、三修社、2011)、『ミニダイアローグで覚える英会話』(共著、ベレ出版、2012)、翻訳にKazu Ishiwata名義で『ネイティブならこう書くこう返すEメール英語表現』(ベレ出版、2011)、編集協力に『大学受験 お風呂で覚える出まくり入試英単語』(学研教育出版、2011)、『ハンドブック英文法の要点整理』(学研教育出版、2010)など多数の書籍に携わる。

Greg Huysmans（グレッグ　ハイズマンズ）
　アメリカ、ルイジアナ州に生まれる。ルイジアナ州立大学でスペイン語の学士号取得後、テキサス州立大学で日本語を学ぶ。テキサス在住中は日米の企業間通訳を務める傍ら、日本からの留学生に英語やスペイン語を教える。現在は北海道にて、公立小学校を中心に英語補助教員として英語教育に情熱を注ぎ、自宅にて多くの学生（小・中・高）に英語の個人指導を行っている。
　著書に『現場で使える教室英語─重要表現から授業への展開まで』(共著、三修社、2011)、『ミニダイアローグで覚える英会話』(共著、ベレ出版、2012)。

科目別：現場で使える教室英語
——新しい英語科目での展開——

2013年6月20日　第1刷発行

監　修　吉田 研作　金子 朝子
著　者　石渡 一秀　グレッグ・ハイズマンズ
発行者　前田 俊秀
発行所　株式会社 三修社
　　　　〒150-0001　東京都渋谷区神宮前2-2-22
　　　　TEL 03-3405-4511　FAX 03-3405-4522
　　　　振替 00190-9-72758
　　　　http://www.sanshusha.co.jp
　　　　編集担当　松居 奈都

印刷製本　萩原印刷株式会社

©Kazuhide ISHIWATA, Greg HUYSMANS 2013　Printed in Japan
ISBN978-4-384-05727-0 C2082

装幀　野村 淳一（アートマン）
DTP　アートマン
編集協力　中山 祐子

付属CD録音　一般財団法人 英語教育協議会（ELEC）
付属CD制作　高速録音株式会社
吹込み　Bianca Allen, Chris Coprowski

Ⓡ〈日本複製権センター委託出版物〉
本書の全部または一部を無断で複写複製（コピー）することは、著作権上での例外を除き、禁じられています。本書をコピーされる場合は、事前に日本複製権センター（JRRC）の許諾を受けてください。
JRRC〈http://www.jrrc.or.jp　eメール：info@jrrc.or.jp　電話：03-3401-2382〉

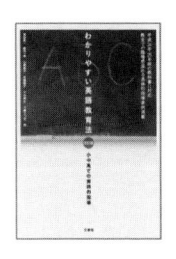

わかりやすい英語教育法 改訂版
―小中高での実践的指導―

学校教育における英語指導に興味・関心のあるすべての人に。英語指導の全体像を俯瞰し、そこから「英語指導力の基礎」事項を具体的に取り上げ、現場の事例とともに分かりやすくまとめている。

浅羽亮一・豊田一男・山崎朝子・佐藤敏子・中村典生・大崎さつき 著

A5判 並製 232頁　定価2,520円（税込）

新 英語科教育の基礎と実践
―授業力のさらなる向上を目指して―

JACET（大学英語教育学会）教育問題研究会の執筆陣が総力をあげて、新しい時代の要請に応えられる英語教員になるために何が必要か、最新の知見や情報に基づいて解説。

JACET 教育問題研究会 編
（執筆者）浅羽亮一・石田雅近・伊東弥香・小林ひろみ・酒井志延・神保尚武・田中慎也・久村研・山崎朝子

A5判 並製 272頁　定価2,730円（税込）

新しい時代の英語科教育の基礎と実践
―成長する英語教師を目指して―

これからの時代の英語教師に求められる資質を高めることを重視し、「ヨーロッパ言語共通参照枠（CEFR）」の理念を取り入れ、日本の教員養成現場で受容できるよう文脈化することを試みる。

JACET 教育問題研究会 編／神保尚武 監修／久村研・酒井志延 編著
（執筆者）石田雅近・伊東弥香・浅岡千利世・高木亜希子・臼井芳子・清田洋一・中山夏恵・遠藤雪枝

A5判 並製 336頁　定価2,730円（税込）

日英の言語・文化・教育
　―多様な視座を求めて―

日英言語文化学における草分け的存在から新進気鋭の研究者まで、一流の執筆者 33 人による渾身の論文集。日本と英語圏諸国のあらゆる種類の言語表現と、その背景文化の探求を目指す。

日英言語文化研究会 編　A5判 上製 376頁　定価6,090円（税込）

ぼくたちの英語
　―We are English teachers.―

"この本は、中学校や高校で英語を教えている教師に向けられた、一つのメッセージである。"
昨今の安易な語学教育行政・語学学習の流行とは相容れない「本物」の英語を求めて、若き英語教師とともに取り組む楽しくも真面目な「課外」実習！
英語を勉強したことのあるすべての人へ。

黒田龍之助 著　四六判 仮フランス装 296頁　定価1,680円（税込）

先生と生徒の心をつなぐ NLP 理論
　―子どもの夢を育むために―

生徒とのコミュニケーションをより円滑にしたい、生徒との関係がうまくいかない、学級経営がうまくいかない。…こういった問題を解決するために、NLP を上手に活用して改善するポイントをまとめ、事例を織り込みながらわかりやすく解説。

堀井恵 著　A5判 並製 192頁　定価1,995円（税込）

三修社